La Palma

Dieter Schulze

Inhalt

Das Beste zu Beginn

Baden & Beachen
Warum weiß, wenn's auch schwarz geht? La Palmas Lavastrände sind dunkel und oft von Klippen gesäumt, so in Puerto de Tazacorte und an der Playa Zamora. Alternativ gibt es herrliche Naturschwimmbecken, z. B. Charco Azul und La Fajana.

Caldera aus der Vogelperspektive
Der in der Inselmitte klaffende Riesenkrater lässt sich auf einem langen Wanderweg ab Los Brecitos erkunden. Wollen Sie's einfacher haben, fahren Sie vom Besucherzentrum des Nationalparks zum ›Gipfelchen‹ (La Cumbrecita) und folgen dem geländergesicherten Weg mit Blick in den 1000 m tiefen Schlund (► S. 102).

Atlantische Abenteuer
Wer die Welt gern mal vom Wasser aus erleben möchte, steigt in Puerto de Tazacorte ins Boot: Machen Sie sich auf die Suche nach Walen und Delfinen, lassen Sie sich längs der Küste zu einer schönen Höhle schippern oder genießen Sie die ›Sunset Tour‹ (► S. 60)!

Unterwegs in Feuchtgebieten
Nur wenige Kilometer von der sonnigen Küste entfernt sieht die Welt komplett anders aus. In tiefe Schluchten fällt kaum ein Lichtstrahl, es wuchert immergrüner Lorbeerwald und mannshoher Farn. Geheimnisvoll ist es, feucht und sehr kühl. Wenn dann noch Wolkenfetzen durch die Baumkronen huschen, fühlen Sie sich vollends in ein Märchen versetzt. Doch bitte eine Jacke mitnehmen (► S. 86)!

Vulkanausbruch
50 Jahre war Ruhe – dann geschah es erneut: Am 19. September 2021 brach an der Cumbre Vieja ein Vulkan aus. Sein zäher Lavastrom wälzte sich via Todoque ins Meer, wo er eine neue Küstenplattform schuf. Unterwegs begrub er alles, was im Weg stand: mehr als 1000 Häuser, Plantagen, Straßen. EU-Gelder sollen helfen, die Infrastruktur wiederherzustellen (🕮 C/D 7/8).

Kanarische Lebensart
Die Plaza de España in Los Llanos ist eine Augenweide: Renaissance-Kirche, Rat- und Kulturhaus, fassadengroße Wandbilder und mittendrin ein Pavillon im Schatten von Lorbeerbäumen – Sehen und Gesehenwerden heißt die Zauberlosung, und dazu trinken Sie hier einen *cortado* oder *café con leche* (▶ S. 51)!

Sterne schauen
Der Himmel über der Insel ist sternenklar, das ›Gesetz gegen Lichtverschmutzung‹ sorgt dafür, dass es so bleibt. Vielerorts wurden Astro-Aussichtspunkte errichtet, von denen Sie nachts bestimmte Gestirne optimal sehen können (www.starsislandlapalma.com). Auf Astro-Touren mit mobilem Teleskop wird der Nachthimmel erläutert (www.adastralapalma.com), auch das Observatorium auf dem höchsten Inselgipfel, eines der wichtigsten weltweit, kann besichtigt werden (▶ S. 74)!

Zeitreise in die Kolonialgeschichte
Santa Cruz war einst Spaniens Sprungbrett in die Neue Welt. An jene ›goldene Epoche‹ erinnern herrschaftliche Paläste, die als Museen, Galerien und Cafés zugänglich sind. Der Spaziergang von einem Haus zum nächsten wird zur spannenden Entdeckungsreise (▶ S. 17).

Welt der Spiralen
Im hohen Norden, wo selbst in Dürrezeiten Quellen sprudeln, haben die Ureinwohner mysteriöse Zeichen hinterlassen. Kunst am Fels mitten im Lorbeerwald und obendrein ein Stück Inselgeschichte – können Sie sich eine schönere Galerie vorstellen (▶ S. 80)?

Gern trinke ich einen Kaffee in Santa Cruz oder in Los Llanos. Und immer wieder berauscht mich die Inselnatur: Wandern über Vulkane mit Weitblick aufs Meer und Eintauchen in den Lorbeerwald. Mehr auf meinem Blog www.trip-to-go.com.

Fragen? Erfahrungen? Ideen?

Ich freue mich auf Post.

Mein Postfach bei DuMont:
schulze@dumontreise.de

Das ist La Palma

Umspült von den Fluten des Atlantiks erhebt sich die ›steilste Insel der Welt‹ wie eine mächtige Festung. So unwegsam sie auf den ersten Blick scheinen mag, ist sie doch bestens erschlossen. Gut ausgebaute Straßen und Tunnel führen um sie herum und in ihr Zentrum hinein. La Palma ist die ›grünste der Kanaren‹: eine Insel ohne große Bettenburgen, dafür reich an ursprünglicher Natur.

Wolken am Berg

Feuchter und tendenziell kühler sind Norden und Osten der Insel, trockener und wärmer Süden und Westen. Für die Unterschiede in Klima und Vegetation sorgt der von Nordost wehende Passatwind: Er drückt die vom Atlantik kommenden feuchten Luftmassen gegen das Gebirgsmassiv und bewirkt, dass sich im Norden und Osten dichte Wolkenbänke ausbilden. Gleich einem Wasserfall schwappen sie über den zentralen Kamm, um sich danach rasch aufzulösen – ein immer wiederkehrendes herrliches Schauspiel!

Erste Station – immer im Osten

Alle Urlauber treffen im Osten ein: einige wenige am Fährhafen der Hauptstadt Santa Cruz, die meisten 10 km südlich am internationalen Flughafen. **Santa Cruz** (🕮 G 6) ist eine der schönsten Städte der Kanaren; sie hat ein quirliges Ambiente, stimmungsvolle Plätze und Paläste. Wer hier wohnt, ist mittendrin im kanarischen Leben, und die Bergwelt liegt nur wenige Kilometer entfernt.

Südlich der Hauptstadt breitet sich ein fruchtbarer und zunehmend zersiedelter Landstrich aus: **Breña Alta** (🕮 F 6) und **Breña Baja** (🕮 G 7) sind Orte des ewigen Frühlings – da wuchert und blüht es das ganze Jahr. Wohlhabende Hauptstädter ließen dort ihre Villen erbauen und zahlreiche Mitteleuropäer tun es ihnen nach. An der Küste, wo es trockener ist, entstand in **Los Cancajos** (🕮 G 7) ein Ferienzentrum mit künstlich angelegtem Strand.

Der Westen

Der Vulkanausbruch 2021 hat die Topografie des Inselwestens verändert: Bananenplantagen und über 1000 Häuser wurden vom Lavastrom auf seinem Weg zur Küste begraben. Wie durch ein Wunder blieben fast alle größeren Orte verschont – leider nicht das Ferien-Resort **Puerto Naos** (🕮 C 8) mit seinem dunklen Strand und seiner attraktiven Promenade. Noch 2023 war der Ort wegen des Austritts giftiger Gase gesperrt. Nach wie vor idyllisch präsentiert sich **Puerto de Tazacorte** (🕮 B 7): gleichfalls mit schönem Lavastrand und Fischrestaurants, vom Hafen starten Boote zu spannenden Ausflügen. Als „heimliche Hauptstadt" La Palmas gilt **Los Llanos de Aridane** (🕮 C 6) mit vitaler Gastro- und Shoppingszene.

Nach Süden zu beherrschen weitere Vulkane das Bild. Zeugen der Ausbrüche von 1971 entdeckt man unterhalb des Bergdorfs **Los Canarios** (🕮 E 11) und an der Küste. Nicht weit entfernt spazieren Sie durch Salzfelder und entdecken kleine Badebuchten. Ein erstes Hoteldorf ist schon entstanden …

Drachenbäume, Katzen und Steinwege, aus denen Kraut schießt – das ist Las Tricias in La Palmas Nordwesten.

Der raue Norden

Über kurvenreiche Straßen erreichen Sie den Nordwesten. Dank seiner Abgeschiedenheit hat er sich seine Ursprünglichkeit bis heute bewahrt, Turismo Rural (›Tourismus auf dem Land‹) ist in diesem Teil der Insel besonders beliebt. In **Tijarafe** (🗺 B 5) und **Puntagorda** (🗺 B 3) dominiert noch bäuerlicher Alltag, auf den terrassierten Hängen wachsen Mandel- und Obstbäume.

Eine spektakuläre Wanderung führt zu den **Buracas-Höhlen** (🗺 B 3) und einem Drachenbaumhain, eine weitere Tour aufs Dach der Insel – zum **Roque de Los Muchachos** (🗺 D 4), dem mit 2426 m höchsten Punkt der Insel. Noch wilder und rauer präsentiert sich der Norden. In Wäldern voll knorriger Kiefern und Lorbeerbäumen verfangen sich Passatwolken, die die Landschaft verzaubern.

Herz aus Stein – das Inselzentrum

In der Inselmitte liegt die **Caldera de Taburiente** (🗺 D/E 4/5), ein Erosionskrater von 9 km Durchmesser, der zu den größten der Welt zählt und als Nationalpark geschützt ist.

Der Kessel wird im Nordosten von den Ausläufern der Cumbre gesäumt, einem langen Gebirgszug, der sich im Halbkreis um den Krater legt und sich nach Süden verlängert. In dieser Region finden Sie die spektakulärsten Wanderwege. Sie führen in die Tiefe des Kraters und in luftiger Höhe um ihn herum, südwärts verläuft eine Vulkanroute über den lang gestreckten Rücken des Gebirgsgrats. Als Ausgangspunkt zur Erkundung der Gebirgswelt empfiehlt sich **El Paso** (🗺 D 6/7), ein gemütliches Dorf mit vielen Unterkünften.

La Palma in Zahlen

1

Stunde müssen Sie Ihre Uhr nach Ankunft auf La Palma zurückstellen.

9

Kilometer Durchmesser hat der Krater von Taburiente.

10

Prozent aller Insulaner sind Ausländer, davon knapp die Hälfte Deutsche.

15

Zentimeter dick wird die Rinde der kanarischen Kiefer.

16

astronomische Aussichtspunkte gibt es auf der Insel.

17

Bodegas stellen Weine her – und sie werden jedes Jahr noch besser!

24

Walarten wurden vor der Küste gesichtet.

30

Meter hoch werden die Lorbeerbäume La Palmas.

40

Prozent der Insel sind bewaldet.

45

Pflanzen sind endemisch, d. h., es gibt sie nur auf La Palma, nirgendwo sonst auf der Welt.

46

Kilometer ist die Insel lang und 29 Kilometer breit.

370

Liter Regen fallen im Jahr am Flughafen, dreimal so viel in den Bergen.

455

Kilometer trennen La Palma von Afrika.

708

Quadratkilometer ist La Palma groß – das ist ungefähr ein Drittel von Teneriffa.

1370

Kilometer liegt La Palma vom spanischen Festland entfernt – und über 3000 von Deutschland!

2426

Meter hoch ist der Roque de los Muchachos, der höchste Berg der Insel.

150 000

ausländische Besucher kommen jedes Jahr.

2 000 000

Jahre hat La Palma auf dem Buckel.

50

Jahre nach dem Ausbruch 1971 spuckte 2021 wieder ein Vulkan Feuer.

So schmeckt La Palma

Die Inselküche ist bäuerlich, deftig und schmackhaft. Alles, was in La Palmas Gärten, auf Feldern und in Wäldern wächst, kommt auf den Tisch, dazu frischer Fisch aus dem Atlantik sowie Ziegen- und Kaninchenfleisch. War die Zubereitung bisher ›so einfach wie möglich‹, wird die Küche heute dank fremder Einflüsse kräftig aufgemischt.

Fisch vom Fischer
Frischen Fisch bekommen Sie in Hafenorten wie Puerto Naos, Puerto de Tazacorte und Puerto Espindola. Besonders häufig werden Seehecht, Wrackbarsch und Thunfisch gefangen. Daneben gibt es zarten *calamar*, den man nicht mit den kleinen, dünnhäutigen Tintenfischen *(chipirones)* oder dem fleischigen Kraken *(pulpo)* verwechseln sollte. Wer eine Fischsuppe probieren möchte, bestellt *caldo de pescado:* Oft ist sie mit Muscheln angereichert und fast immer mit Safran gewürzt.

Fleischklassiker
Gut schmeckt das in einer Wein-Kräuter-Soße marinierte Zicklein *(cabrito),* zur Jagdzeit im Herbst auch Kaninchen *(conejo).* Wer zum Fleisch keine Pommes möchte, bestellt *papas arrugadas con mojo:* Kartöffelchen mit Salzkruste, die in eine scharfe Mojo-Soße getunkt werden. Mal wird sie in grüner, mal in roter Farbe serviert; Grün verrät die Zutat Koriander, Rot die Beigabe von Chili – beide natürlich mit einer gehörigen Portion Knoblauch!

Wärmende Eintöpfe
Wer im feucht-kühlen Norden unterwegs ist, hat vielleicht Lust auf einen deftigen Eintopf. Die einfache Variante heißt *potaje* und besteht aus Gemüse, die Inselspezialität ist *potaje de trigo* aus Weizenkörnern. Ein Sonntagsgericht ist *puchero,* der aus nicht weniger als sieben Gemüsesorten und ebenso vielen Fleischvarianten besteht. Viele Freunde hat auch die *ropa vieja* (alte Wäsche): ein typisches Resteessen mit Kichererbsen, dem klein geschnittene Paprikaschoten,

LA PALMA SPEZIAL

Menú del día: dreigängiges, günstiges Menü, oft mit Getränk
pinchos & montaditos: Spieße & Kanapees
tapas: kleine Tellergerichte
puchero: Gemüse-Fleisch-Eintopf
sopa de garbanzos: Kichererbsensuppe mit Fleischstücken
cabrito en adobo: in einer Wein-Kräuter-Soße mariniertes Zicklein
conejo en salmorejo: Kaninchen in Beize
arepas: pikant gefüllte Teigtaschen aus Maismehl, die von den aus Venezuela heimgekehrten Emigranten eingeführt wurden
bienmesabe: Mandel-Zitronenmousse
almendrados: Mandelmakronen
queso asado/queso a la brasa: gegrillter Ziegenkäse
sirope de palma: Palmensirup
truchas: Blätterteigtaschen, gefüllt mit Kürbisfasern bzw. Süßkartoffelmousse

frischer Thymian und ein Schuss Wein die nötige Würze verleihen.

Süßes aus Mandeln
La Palma ist eine gute Adresse für Süßschnäbel – keine andere Kanareninsel bietet eine so reichhaltige Palette. Die beliebteste Zutat ist die Mandel *(almendra)*, die an den sonnigen Hängen im Nordwesten wächst. Sie wird gemahlen, anschließend zur Mousse *bienmesabe* (wörtl.: ›schmeckt mir gut‹) oder zu Mandelmakronen verarbeitet. Der Renner ist *queso de almendras* (Käse-Mandel-Kuchen)!

Wein vom Vulkan und Käse
Die kleine Insel hat erstaunlich viele Weine. Die wichtigsten Anbaugebiete sind Fuencaliente/Las Manchas, wo trockener Weißwein und likörartiger Malvasier gewonnen werden; Spezialität der Region um Hoyo de Mazo/Las Breñas ist ein herber Rotwein. Nicht jedermanns Sache ist der in Fässern aus Kiefernholz gereifte *vino de la tea*, ein schwerer, harziger Tropfen, der in den Dörfern des Nordwestens angeboten wird.
Ziegen liefern den Rohstoff, aus dem köstlicher Käse *(queso)* gewonnen wird. Er wird in kleinen Käsereien aus naturbelassener Milch, oft ohne Erhitzen, hergestellt. Aus nur drei Zutaten – Milch, Lab und Salz – werden unterschiedlichste Geschmacksnuancen gezaubert. Probieren Sie den Käse auf dem Markt, wo Ihnen vor dem Kauf eine Kostprobe gereicht wird!

Craft Beer auf Palmerisch
Gut schmeckt frisches Bier vom Fass *(caña)*, meist der Marke Tropical (aus Gran Canaria) oder Dorada (aus Teneriffa). Doch vielleicht wollen Sie Craft Beer aus La Palma probieren? Isla Verde und Gara heißen die beiden Brauereien, die köstlichen Gerstensaft herstellen – erhältlich in vielen Restaurants.

Regionales für Selbstversorger
Als Selbstversorger können Sie sich in den Markthallen von Santa Cruz und Los Llanos mit Obst und Gemüse eindecken (Mo–Sa 7–14 Uhr). Spaß macht es auch, am Samstag bzw. Sonntag die Wochen- und Erzeugermärkte *(mercadillos)* zu besuchen. Diese finden am Wochenende in Mazo und Breña Alta, Puntagorda, El Paso, Los Llanos und Puerto Naos statt.

POWER DURCH GOFIO

»Meinen Erfolg verdanke ich dem Gofio, den mir meine Mutter von klein auf gab«, sagt der zum Mister Universum gekürte Kanarier Rubén González. Seine Schönheit und Kraft stamme von jenem gerösteten Getreidemehl, das schon die Ureinwohner kannten. Es besitzt mehr Nährwert als Fleisch, ist reich an Vitamin A und C sowie an Eisen, Magnesium und Zink. Das Gofio-Mehl wird mit Wasser, Milch oder Suppe verrührt, je nach Gusto aber auch mit zerdrückten Bananen, Honig, Käse und Wein. Mit dem Trend zur gesunden Naturkost wurde es zum kanarischen Nationalgericht und darf sich mit der begehrten staatlichen Herkunftsauszeichnung *denominación de origen* schmücken.

So viel kostet in etwa ein Hauptgericht oder Menü:
€ unter 12 Euro
€€ 12 bis 18 Euro
€€€ über 18 Euro

Ihr La-Palma-Kompass

#2
Bei der Schnee-jungfrau – **Ausflug nach Las Nieves**

#3
Tanz auf dem Vulkan – **Wanderrunde bei Los Canarios**

MADONNA lässt grüßen

Ein Vulkan lässt tief blicken

#1
Palmen und Paläste – **die Plaza de España in Santa Cruz**

Unter Palmeros

WOMIT FANGE ICH AN?

KEGEL, KRATER, KANARENPICKER

#15
Bizarre Lavaland-schaft – **Vulkanroute ab El Pilar**

Abgrund gefällig?

WIEDER KIND SEIN

#14
Spaziergang am Rand der Caldera – **La Cumbrecita**

Am Rand des Hexenkessels

#13
Riesiger Erosions-krater – **Caldera de Taburiente**

#12
Besuch bei Günter Grass und den Mayos – **in Puntallana**

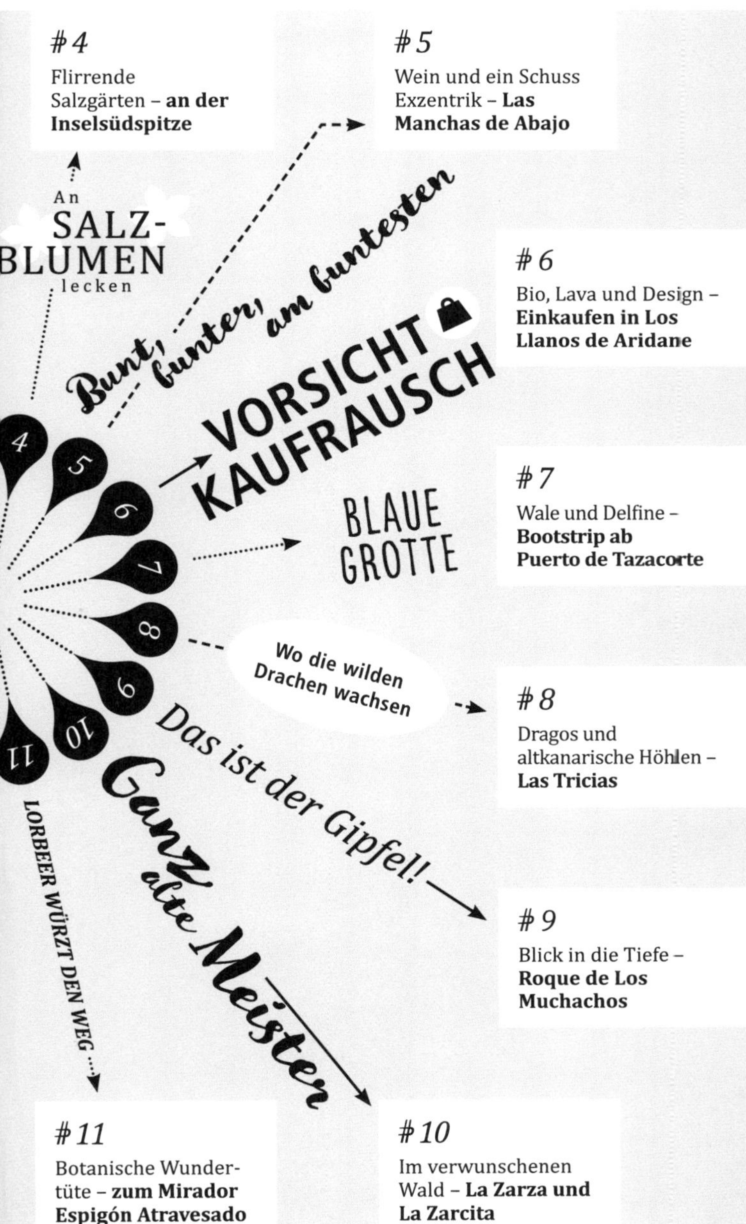

#4
Flirrende Salzgärten – **an der Inselsüdspitze**
An SALZ-BLUMEN lecken
#5
Wein und ein Schuss Exzentrik – **Las Manchas de Abajo**
Bunt, bunter, am buntesten
#6
Bio, Lava und Design – **Einkaufen in Los Llanos de Aridane**
VORSICHT KAUFRAUSCH
#7
Wale und Delfine – **Bootstrip ab Puerto de Tazacorte**
BLAUE GROTTE
#8
Dragos und altkanarische Höhlen – **Las Tricias**
Wo die wilden Drachen wachsen
#9
Blick in die Tiefe – **Roque de Los Muchachos**
Das ist der Gipfel!
#10
Im verwunschenen Wald – **La Zarza und La Zarcita**
Ganz alte Meister
#11
Botanische Wundertüte – **zum Mirador Espigón Atravesado**
LORBEER WÜRZT DEN WEG
4
5
6
7
8
9
10
11

Santa Cruz und der Südosten

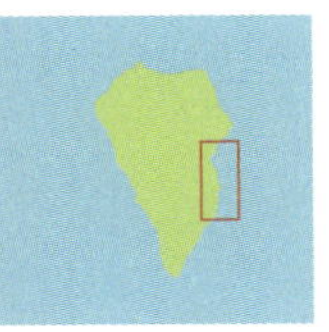

Geht's noch weißer? Weiße Hüte, Kleider und Gewänder, dazu Tonnen von Puder, die selbst die Hausfassaden hell einstäuben: Am ›Tag der Indianer‹, dem karnevalesken Rosenmontag, fließt natürlich auch der weiße Rum in Strömen … Doch keine Angst: An allen anderen Tagen im Jahr zeigt sich La Palmas Hauptstadt eher beschaulich. Sie erleben ihre architektonische Schönheit und die mußevolle Lebensart der Bewohner. Verlockend ist auch ein Bad am Strand!

Santa Cruz

G 6 Cityplan ► S. 19

Die Schönste der Kanaren sehen viele in La Palmas Hauptstadt Santa Cruz. Ihr Kern steht unter Denkmalschutz, doch museal-verstaubt wirkt hier nichts. Entlang kopfsteingepflasterter Gassen reihen sich stattliche Bürgerhäuser mit Balkonen, Plätze unter schattigen Palmen laden zum Verweilen ein. Selbst einen Lavastrand gibt es ...

Santa Cruz (15 700 Einw.) drängt sich auf einer schmalen Küstenplattform: Vor ihr liegen die Weiten des Atlantiks, hinter ihr steigen grüne Steilhänge empor. Besucher lernen meist nur das untere Santa Cruz kennen. Spaß macht aber auch ein Bummel durch die oberen Viertel, die *barrios populares* mit ihren lauschigen Winkeln und kleinen Gärten. Erfrischen kann man sich am dunkelsandigen und 500 m langen, längs der Avenida Marítima verlaufenden Stadtstrand.

Steile Karriere, tiefer Fall

Unmittelbar nach der spanischen Konquista wurde die Stadt gegründet: Am 3. Mai 1493 rammten die Sieger an der Küste ein ›heiliges Kreuz‹ *(santa cruz)* in die Erde. In den folgenden 150 Jahren war die Stadt der westlichste Vorposten Spaniens im Atlantik. Sie erlebte einen rasanten Aufstieg, wobei ihr Reichtum freilich auch Piraten anlockte. 1553 wurde sie bei einem Angriff niedergebrannt, danach glanzvoll wieder aufgebaut und befestigt. Fortan sollte es Korsaren nie wieder gelingen sie einzunehmen. Selbst Francis Drake mit einer Flotte von 30 Schiffen und 4000 Mann wurde zurückgeschlagen. Santa Cruz' goldene Zeit reichte bis 1657 – in diesem Jahr widerrief der König das Handelsprivileg mit den Kolonien, um es der Nachbarinsel Teneriffa zu verleihen. Das Datum markiert für die Stadt einen dramatischen

Der Empfang ist pastellfarben und freundlich. Unbedingt den Hauptpfad verlassen, in Seitengassen einschwenken und sich auf schattigen Plätzen wie der Placeta de Borrero niederlassen.

Epochenwandel: Vom atlantischen Vorposten eines Imperiums sank sie zu einem unbedeutenden Provinznest hinab.

WAS TUN IN SANTA CRUZ?

Die Stadt vom Hafen her aufrollen

Die **Plaza de la Constitución** ist das Eingangstor zum Hafen und zur Altstadt, eine Schalt- und Schnittstelle. Das Leben hier ist freilich nicht mehr so hektisch, seit der in den Hafen fließende Verkehr über eine südliche Ausfahrt umgelenkt wird. Schauen Sie Richtung Meer, sehen Sie Kräne und Container, Großfähren und Kreuzfahrtschiffe sowie die luftige Marina mit ihren Jachten. Auf der Landseite steht das stattliche Postamt, auf einer grünen Verkehrsinsel der gläserne Pavillon der **Touristeninformation,** wo Sie sich mit Veranstaltungstipps versorgen können.

Eine Flaniermeile entlangbummeln

Die **Calle O'Daly** ist die verkehrsberuhigte Flaniermeile von Santa Cruz, eine von Bürgerhäusern gesäumte, nach einer irischstämmigen, auf La Palma ansässigen Kaufmannsfamilie benannte Prachtstraße. Bei den Palmeros ist sie besser bekannt als Calle Real, die ›Königliche‹. Banken und wichtige Unternehmen haben hier ihre Büros eingerichtet, daneben gibt es trendige Cafés und traditionelle Bars, altertümliche Läden und schöne Ausstellungssäle. Einen Blick lohnt die **Casa Salazar** 1 (Calle O'Daly 22, Mo–Fr 9–20, Sa 9–14 Uhr), die mit ihrer Natursteinfassade aus dem 17. Jh. einen wuchtigen Eindruck macht. Doch drinnen wirkt alles leicht und erfrischend: Der Innenhof ist von vierstöckigen Holzgalerien umschlossen, in seiner Mitte plätschert ein Brunnen. Im Erdgeschoss wird palmerisches Kunsthandwerk verkauft; in den oberen, mit Holzkassettendecke abgeschlossenen Räumen finden wechselnde Ausstellungen statt.

Stippvisite in der ›oberen Etage‹

Über eine von der Calle O'Daly abzweigende Treppengasse steigen Sie zur Plaza de Santo Domingo und der gleichnamigen Kirche, der im 16. Jh. erbauten **Iglesia de Santo Domingo** 2 hinauf. Diese besticht durch eine aufwendig gestaltete Holzdecke und ausdrucksstarke Holzskulpturen, die palmerische Kaufleute aus Flandern mitgebracht haben. Nur wenige Schritte entfernt erleben Sie im kleinen **Museo Educación** 3, dem ›Erziehungsmuseum‹, Schulalltag anno dazumal. Sie sehen ein originalgetreu eingerichtetes Klassenzimmer mit Holzpulten in Reih und Glied, einem Gekreuzigten über der Tafel und Züchtigungsinstrumenten wie Peitsche & Co (Calle Fernando Ferráz 2, Mo–Fr 7.30–15 Uhr, Eintritt frei). Interessant ist auch das **Teatro Circo de Marte** 2 an der Nordseite des Platzes, ein Konzertsaal von anno 1913 mit mehrgeschossigen Galerien und Kuppeldecke – tagsüber leider fast immer geschlossen.

Durch Altstadtgassen spazieren

Jenseits der **Plaza de España** 4 (▶ auch S. 22) setzt sich die Flaniermeile unter dem Namen Calle Anselmo Pérez de Brito fort. Leicht abschüssig mündet sie in die **Placeta de Borrero:** Rings um den kleinen Platz stehen pastellfarbene Häuser, mittendrin ein Wasserbrunnen und dazu Schatten spendende Palmen – im windgeschützten Winkel vor dem **Bistro La Placeta** 1 legt man gern eine Pause ein. Vom Platz führt eine schmale Passage zur **Avenida Marítima,** wo sich mehrere schöne, im 16. Jh. erbaute Balkonhäuser, die **Casas de los Balcones** 8, aneinanderreihen. Mit ihrem bunten Anstrich und den zweigeschossigen Holzbalustraden sind sie eine Augenweide! Vor den Häusern liegt – durch die Avenida Marítima abgetrennt – Santa Cruz' schwarzer, künstlich angelegter **Lavastrand.** Weit vorspringende Molenarme sorgen dafür, dass Sie hier gefahrlos baden können.

0
200 m
Avenida de las Nieves
Avenida M. González Méndez
Barranco del Río de las Nieves
El Marquito
Bandama
Avenida
Baltasar Martín
Cruz Roja
El Marquito
El Pilar
El Pilar
Hospital
Nuestra Señora
de Los Dolores
San Vicente de Paul
José López
Doctor Santos Abreu
Díaz Pimienta
Tres Picos
Hermenegildo Rodríguez Méndez
La Palmita
José López
Avenida del Puente
Placeta
de Echentive
Avenida del Puente
Placeta de
Borrero
Garachico
Pérez de Brito
Vandale
Norden
Taxi
Cabrera Pinto
P. Poggio
A. Cabrera
Pinto
Huertas
San Sebastián
Plaza
Dornajos
LP-202
Montecristo
Ermita de
San Sebastián
Fernández Ferraz
Plaza de
España
LP-1
O'Daly (Calle Real)
Álvarez de Abreu
Avenida Marítima
Apurón
Plaza de
Santo Domingo
Carretera de Timibucar
Nogales
Álamos
El Tanquito
Vendaval
Pintado
Navarra
San Telmo
Virgen de la Luz
Blas Simón
Blas Simón
O'Daly (Calle Real)
Lenus
Anschluss siehe Karte rechts
Pintado
Taxi
Plaza de la
Constitución
LP-1
Lift
Navarra
San Telmo
Virgen de la Luz
Car. del
Galión
Avenida de
Los Indianos
Süden,
Westen
Los Cancajos,
Aeropuerto
Jachthafen, Fährhafen

SANTA CRUZ

Sehenswert
1 Casa Salazar
2 Iglesia de Santo Domingo
3 Museo Educación
4 Plaza de España
5 Ayuntamiento
6 Casa Pinto
7 Iglesia Matriz de El Salvador
8 Casas de los Balcones
9 Museo Insular
10 Museo Naval

In fremden Betten
1 La Fuente
2 San Telmo

Satt & glücklich
1 La Placeta
2 Casa Tey
3 La Lonja
4 Enriclai
5 La Isla de Goya
6 Malayerba
7 Café de Don Manuel

Stöbern & entdecken
1 Mercado
2 Ecoventa La Alameda
3 Casa Salazar
4 Mercadillo

Wenn die Nacht beginnt
1 Teatro Chico
2 Teatro Circo de Marte

MUSEEN, DIE LOHNEN

Im einstigen Kloster

Das Inselmuseum **Museo Insular** 9 ist im beeindruckenden, restaurierten Franziskanerkloster aus dem 16. Jh. untergebracht. Die Säle gruppieren sich um zwei Patios und zeigen im Erdgeschoss Meerestiere, Vögel und Schiffsmodelle, im Obergeschoss Kunst ab dem 16. Jh. Highlight ist die Sammlung der Galerie Marbach mit Werken von Joan Miró, Antoni Tàpies u. a.

Plaza de San Francisco 3, T 922 42 05 58, Mo–Fr 10–19.30, Sa 10–14 Uhr, Eintritt 4 €, Vergünstigungen für Kinder bis 12 J. und Senioren

Im Bauch eines Schiffes

Spazieren Sie weiter zur Plaza de la Alameda, mit ihrem verspielten **Kiosco** unter Indischen Lorbeerbäumen ein beliebter Treff der Palmeros. An der Nordseite des Platzes reiben Sie sich die Augen, denn dort steht ein großes Schiff. Es ist die 1940 erbaute Nachbildung der Karavelle Santa Maria, mit der Kolumbus 1492 von den Kanaren aufbrach, die Neue Welt zu entdecken. Wer genau hinschaut, sieht, dass seine Planken nicht aus Holz, sondern aus Beton gegossen sind. Im Schiffsbauch zeigt das **Museo Naval** 10 historische Seekarten, Schiffsmodelle und Bugfiguren. Vom Oberdeck schauen Sie zum **Castillo de la Virgen** hinüber, dem ›Kastell der Jungfrau‹. Schiff und Festung treten beim großen Inselfest zu Madonnas Ehren (▸ S. 26) in einen von Kanonen befeuerten ›Dialog‹.

Plaza de la Alameda, www.museonavaldelbarco.es, Okt.–April Mo–Sa 10–18, Mai–Sept. 10–20 Uhr, Eintritt 4,50 €

Haben Sie auf dem Weg vom Kiosko zur Karavelle den von Luis Morera gestalteten Zwerg *(enano)* in der Mitte des Brunnens bemerkt? Und wollen Sie wissen, was es mit ihm auf sich hat? Dann kommen Sie zur nächsten **Bajada de la Virgen** (▸ S. 26) und erleben den skurrilen ›Maskentanz der Zwerge‹ *(Danza de Enanos)* – mit ihm wird an die Dürrekatastrophe von 1676 erinnert!

SCHLEMMEN, SHOPPEN, SCHLAFEN

In fremden Betten

Mitten im Leben

La Fuente 1

Das denkmalgeschützte Haus liegt in einem romantischen Winkel der Altstadt – gleich hinter dem namensgebenden Wasserspiel. Zehn gemütliche Apartments unterschiedlicher Größe gruppieren sich um einen Innenhof, von dem Farne herabbaumeln; von der Dachterrasse blickt man auf Häuser mit grünen Gartenhöfen und Türmchen. Es gibt Apartments mit offenem Dachstuhl, Dielenboden und Palme vor dem Balkon sowie Suiten mit großer eigener Terrasse. Alle sind top gepflegt, haben Sat-TV (mit einigen Hundert Programmen), Gratis-WLAN und eine gut ausgestattete Kitchenette. Gleichfalls buchbar: attraktive Wohnungen in der ruhigen Altstadt, teils nahe am Meer, teils in der Oberstadt. Besonders zu empfehlen sind die Ap. Montecristo (ab Plaza de España 5 Min. bergauf | €). Mona, Thomas und Rupert, die Besitzer, sind sehr engagiert und geben Tipps!

Calle Anselmo Pérez de Brito 49, T 922 41 56 36, www.la-fuente.com | €–€€

Alt trifft neu

San Telmo 2

Hier fühlt man sich wohl: Ein geschmackvoll eingerichtetes historisches Komforthotel mit schönem Innenhof und Chillout-Terrasse, von einigen der acht Zimmer sieht man in der Ferne das Meer. Ausgezeichnet ist das optionale Frühstück im Salon, wo man mit anderen Gästen schnell in Kontakt kommt.

Calle San Telmo 5, T 922 41 53 85, www.hotel-santelmo.de | €€

Die blumengeschmückten Balkone sind nicht nur schön anzuschauen, sondern sie belüften die meist zweistöckigen Balkonhäuser La Palmas auch ganz vortrefflich. Urlaub auf Balkonien muss hier herrlich sein.

Satt & glücklich

Am romantischen Platz

La Placeta 1

Ein beliebter Treff: Man sitzt nahe an einem Brunnen unter schattigen Palmen, bestellt ein Frühstück oder kleine Tagesgerichte und genießt frisch gepressten Orangensaft. Abends öffnet im Obergeschoss ein stilvolles Restaurant. Hier gibt es internationale Küche mit exotischem Touch.

Calle Anselmo Pérez de Brito/Placeta de Borrero 1, T 922 41 52 73, www.restaurantelaplaceta.com, Mo–Sa 7–22.45 Uhr | €–€€

Urgemütlich

Casa Tey 2

Der historische Innenhof mit umlaufenden Holzgalerien ist von früh bis spät gut besucht: vormittags zum Frühstück, mittags und abends für Tapas, zwischendurch für einen *barraquito* (Likör-Schichtkaffee) und andere Kaffeespezialitäten.

Calle Alvarez de Abreu 57, FB: casa tey, Mo–Sa 10–23 Uhr | €

Grüne Oase

La Lonja 3

Tropfendes Wasser, Tropenpflanzen und Farne: Vor allem an heißen Tagen ist dies ein begehrter Ort. Das Restaurant in einem Haus aus dem Jahr 1530 kann man von zwei Seiten betreten, Platz nehmen können Sie auch im Salon im Obergeschoss oder an der Küstenstraße. Preisgünstig ist das Mittagsmenü (immer werktags), die hausgemachten Nachspeisen bekommen stets gute Noten.

Av. Marítima 55/Ecke Calle Pérez de Brito 68, T 922 41 66 93, https://lalonjarestaurante.negocio.site, Mi–So 12–16 u. 19–23 Uhr | €€

Großartig, auch für Vegetarier

Enriclai 4

Kleines Lokal mit nur wenigen Tischen, hier lohnt es sich zu reservieren! Bei Carmen gibt es zwar keine Speisekarte, aber ihre Kochkünste sind auf der ganzen Insel bekannt. Ausführlich berät sie jeden Gast und tischt nur auf, was frisch ist. Bitte beachten: Es muss bar bezahlt werden!

Calle Doctor Santos Abreu 2, T 680 20 32 90, FB: Enriclai, So geschl. | €€

Palmen und Paläste – die Plaza de España

Ein Platz wie eine Bühne: mit Logensitzen unter Renaissance-Arkaden, Bilderbuchkulissen und einer kolossalen Freitreppe, die zur Erlöserkirche hinaufführt. Gespielt wird das Stück ›Müßiggang‹ und Hunderte von Tauben sind die Statisten.

Man staunt, dass sich eine so kleine Stadt auf einer ›weltverlorenen‹ Atlantikinsel solche Schmuckstücke leisten konnte – und dies kurz nach der Konquista! Der Grund ist rasch genannt: Santa Cruz war der letzte Hafen, den alle Schiffe per königlichem Dekret anlaufen mussten, bevor sie zur zweiwöchigen Atlantikpassage in die Neue Welt aufbrachen. Hier versorgten sich die Seeleute mit Proviant und nahmen Exportgüter wie Zucker und Wein an Bord. Auch mussten sie sich in Santa Cruz registrieren lassen, Waren auflisten und Zoll entrichten. Der Handel mit den Kolonien im Amerika war eine Quelle unermesslichen Reichtums und wurde von der spanischen Krone streng kontrolliert – nur wenige andere Städte wie Sevilla und Antwerpen, das damals zu Spanien gehörte, durften daran teilhaben.

V VOR-POSTEN

Welch großes Privileg: **Santa Cruz** wurde nach der Entdeckung der Neuen Welt westlichster Vorposten im Atlantik, ein Sprungbrett nach Amerika. 1558 wurde gar das Oberste Gericht des überseeischen Reiches in Santa Cruz eingeweiht, da es auf halbem Weg zwischen den Kolonien und dem spanischen Mutterland lag.

Danke, Amerika!

Die Architektur bewahrt verflossenen Glanz. Die **Plaza de España** 4 hat einen unregelmäßigen Grundriss, was aber nicht stört, da die Gebäude ringsum wie aus einem Guss wirken: kleine **Paläste** mit Steinmetzarbeiten und holzgeschnitzten Balkonen. Am schönsten ist das **Ayuntamiento** 5 (Rathaus), unter dessen Renaissance-Arkaden ältere Manner plaudernd den Tag verbringen. Es lohnt sich, einen Blick in sein Inneres zu werfen, wo im Treppenhaus expressionistische Wandmalereien von Mariano de Cossío (1890–1960) den Alltag der Palmeros schildern. Rechts neben dem Rathaus hatte von 1558 bis 1657 das **Juzgado de Indias,** das Oberste Gericht des spanischen Großreichs, seinen

Schaulaufen und -sitzen am zentralen Platz, dem ›Wohnzimmer‹ La Palmas

Sitz – leider kann das Gebäude nicht besucht werden. Doch in das herrschaftliche Haus zur Linken des Rathauses, die **Casa Pinto** 6, können Sie eintreten – in dem von Galerien gesäumten Innenhof des **Espacio Cultural** gehen Säle ab, in denen interessante Kunstausstellungen gezeigt werden.

Romantisches und Skurriles

Gegenüber dem Rathaus weitet sich der Platz zu einer von Königspalmen beschatteten Esplanade. Über Stufen steigt man hinauf zur **Iglesia Matriz de El Salvador** 7 (Erlöserkirche) mit einem mächtigen Glockenturm aus Basalt und grotesken Wasserspeiern, die alles Böse fernhalten sollen. Sie betreten die Kirche durch ein Renaissance-Portal und befinden sich sogleich in einem dreischiffigen Raum mit herrlich bemalten Holzdecken. Romantisch ist die »Verklärung« am Hauptaltar (Esquivel, 1837), kurios der von der ›Bruderschaft dunkelhäutiger Sklaven‹ 1708 gestiftete »Christus der Mulatten« (Cristo de los Mulatos) in einer Seitenkapelle. Nach dem Kirchen-Trip können Sie am Fuß des **Denkmals** eine Pause einlegen. Auf dem Sockel steht ein ›Ketzer‹ – der wegen seiner aufklärerischen Ideen verbannte Priester Díaz Hernández (1774–1863), dem die Freimaurerloge posthum zu Ruhm verhalf …

INFOS/ÖFFNUNGSZEITEN

Ayuntamiento 5: Plaza de España, www.santacruzdelapalma.es, Mo–Sa 9–13 Uhr

Casa Pinto/Espacio Cultural 6: Calle Anselmo Pérez de Brito 2, Mo–Fr 11–14, 17.30–20, Sa 10–13.30 Uhr

Iglesia Matriz de El Salvador 7: Plaza de España, http://elsalvadorycalcinas.blogspot.com, Mo–Fr 10–13, 17–20.30, Sa 10–12.30, So 12–14.30, 17–20.30 Uhr

KULINARISCHES FÜR ZWISCHENDRIN

Fast noch am Platz lockt das **Café de Don Manuel** 7 im Patio der historischen Casa Cabrera mit seinem ausgezeichneten Kaffee (Plaza de España/Calle Pérez de Brito 2, Mo–Sa 8–20.30, So 9–14 Uhr).

Faltplan: G 6 | **Cityplan:** S. 19

Prozession auf Prozession im Büßergewand – die Semana Santa, die Osterwoche, ist eine der bedeutendsten Fiestas der Insel.

Tapas in Hülle und Fülle
La Isla de Goya ❺
Am Wochenende kann es hier vor allem abends voll werden. Im Lokal an der Promenade geht es locker zu, es gibt preiswerte Tapas, gebratenen Käse, Fleischbällchen und Tintenfisch, dazu Salate und palmerisches Bier oder auch Wein. Bei warmem Wetter setzt man sich gern auf die Terrasse.
Av. Marítima 51, T 922 42 03 89, FB: laislade goya, Di–Sa ab 11.30 Uhr | €

Sympathisch
Malayerba ❻
Das Gastro-Café hat seine Tische an der Placeta de Borrero. Probieren Sie ein paar Tapas oder bestellen Sie etwas zu trinken und genießen die Atmosphäre des wunderschönen Platzes!
Calle Pérez de Brito 27, T 922 41 03 17, FB: malayerba_nuncamuere, Mo–Sa 8–23 Uhr | €

BUNTES ALLERLEI

Halb Floh-, halb Bauernmarkt mit Kunsthandwerk, Kleidern und Backwaren – das ist der bunte **Mercadillo** 4, der jeden Monat am 1. und 3. Sonntag auf dem Parkplatz vor der Marina von 9 bis 14 Uhr zu finden ist!

Im Patio der Casa Cabrera
Café de Don Manuel ❼
▸ S. 23

Stöbern & entdecken

Schöne Markthalle
Mercado 1
In der historischen Markthalle kaufen Sie frisches Obst und Gemüse, *queso de cabra fresco* (Ziegenkäse) und *truchas*, das begehrte Mandelgebäck. Und probieren Sie doch auch mal palmerischen Wein oder den frisch gepressten, mit Ananas oder Orange gemixten Zuckerrohrsaft *(zumo de caña de azúcar)*!
Av. del Puente 16, FB: larecovadesantacruz delapalma, Mo–Fr 7–14, Sa 7–13 Uhr

Alles bio
Ecoventa de Alameda 2
In Salvadors verwinkeltem Laden gibt es ein reichhaltiges Angebot an Obst und Gemüse, zweimal wöchentlich köstlich frisches Vollkornbrot. Beliebt sind auch die ökologischen Getränke von Whole Earth ohne beigefügten Zucker.
Calle Pérez de Brito 81, FB: Ecoventa La Alameda

Kunsthandwerk made in La Palma
Casa Salazar 3
Aufwendige Stickereien und Seidenwaren, Holz- und Lederarbeiten, Keramik, Korbflechterei und handgerollte Zigarren – alles aus Rohstoffen der Insel und hergestellt von Palmeros in einem historischen Haus.
Calle O'Daly 22, Mo–Fr 9–20, Sa 9–14 Uhr

Wenn die Nacht beginnt

Im Sommer spielt sich viel am Jachthafen vor dem C. C. La Marina ab, im Winter ist es ruhiger. Südländisch geht es nur an Festtagen oder während des Karnevals zu.

Film, Theater und Konzerte
Teatro Chico 1 **und Teatro Circo de Marte** 2
In Santa Cruz gibt es gleich zwei histo-

rische Theater: Das erste von 1866 legt den Schwerpunkt auf Kino (Filme oft in Originalsprache), das zweite von 1913 auf Theater und Tanz. In beiden gibt es gelegentlich auch Klassik und Folklore.

Teatro Chico, Av. del Puente/Calle Díaz Pimienta 1, www.cineteatrochico.com

Teatro Circo de Marte, Calle Virgen de la Luz 5, T 922 49 00 07, www.santacruzdelapalma.es/circodemarte

INFOS

Oficina de Turismo: Casita de Cristal, Plaza de la Constitución s/n, 38700 Santa Cruz de La Palma, T 922 69 41 51, www.lapalmacit.com, tgl. 8.30–19.30 Uhr. Im Pavillon am ›Verfassungsplatz‹ bekommen Sie aktuelle Broschüren und Veranstaltungstipps.

Bus: Die zentrale Haltestelle befindet sich an der Plaza de la Constitución. Nach Los Llanos via El Paso geht es mit Linie 300, gut sind auch die Verbindungen mit Los Cancajos und dem Flughafen (Linie 500) sowie nach Barlovento (Linie 100) und Fuencaliente (Linie 200/201). Infos: s. Verkehrsmittel/Bus, ▸ S. 113, aktueller Fahrplan: www.tilp.es

Taxi: T 619 07 22 27 (24 Std.)

TERMINE

Höhepunkt des jährlichen Festreigens ist der südamerikanisch beeinflusste **Karneval** (▸ Kasten rechts). Mit der **Fiesta de la Santa Cruz** am 3. Mai gedenkt man der Stadtgründung am 3. Mai 1493. Schon am Vorabend werden Mauerkreuze verziert und daneben *mayos,* groteske Puppen, aufgestellt. Alle fünf Jahre (das nächste Mal 2025) wird das Fest der Schutzpatronin, die **Bajada de la Virgen,** gefeiert (▸ S. 26).

IN DER UMGEBUNG

Gute Ausflugslokale

Der Ausflug zur Wallfahrtskirche von Las Nieves (🕮 F 5) ist auf ▸ S. 26 beschrieben. Wenn Sie Lust haben, folgen Sie danach der LP-101 südwärts und halten Sie erst ein paar Kilometer weiter, im Ortsteil Velhoco, am Ausflugs- und Gartenlokal **Chipi-Chipi** – jeder Palmero kennt und schätzt es! Inmitten wuchernder Vegetation gibt es eine Vielzahl igluähnlicher Sitznischen, in denen es sich schön sitzen und plaudern lässt. Fisch steht zwar nur selten auf der Speisekarte, aber sonst alles, was das Herz begehrt: z. B. auf einer glühenden Platte serviertes Fleisch, süße Blutwurst,

Die Palmeros sind ein feierfreudiges Völkchen, doch nie geht es so ausgelassen zu wie beim **Karneval von Santa Cruz.** Höhepunkt ist der Rosenmontag, wenn der Día de los Indianos und mit ihm die ›Rückkehr der Indianos‹ auf dem Programm steht. Auf der Straße flanieren Frauen in Schleier und Spitzenbluse, dazu sieht man Männer im eleganten Leinenanzug und mit Panamahut, die Zigarre locker im Mundwinkel. Alles nimmt seinen beschaulichen Gang, bis auf ein geheimes Zeichen hin das Chaos losbricht: Die feinen Damen und Herren ziehen weißen Puder aus ihren Dekolletés und Jackentaschen und bewerfen damit alle, die ihnen in die Quere kommen. Mit diesem Brauch rächen die zu Hause gebliebenen Palmeros die Arroganz der aus Amerika heimgekehrten Emigranten.Von ihnen heißt es, sie hätten keine Gelegenheit ausgelassen, ihren neu erworbenen Reichtum zur Schau zu stellen. Indianos heißen sie übrigens nicht, weil sie in Amerika etwas mit Indianern zu tun gehabt hätten, sondern weil das Ziel ihrer Reise Las Indias war – seit den Tagen des Kolumbus, der Indien auf dem Seeweg erreichen wollte, heißt so in Spanien die Neue Welt.

Bei der Schneejungfrau – **Ausflug nach Las Nieves**

Wollen Sie La Palmas reichste Frau kennenlernen? Sie residiert in einer Wallfahrtskirche oberhalb der Hauptstadt. Ihr kirchliches Refugium, das sie nur alle fünf Jahre verlässt, liegt in dichtem Grün an einer Felsklippe.

Um einen steingepflasterten Platz mit Brunnen und hohen Araukarien stehen Herrenhäuser. Schmuckstück ist das **Real Santuario de Nuestra Señora de Las Nieves** 1, die Kirche der Inselpatronin.

Die Schneejungfrau finden Sie nicht nur in ihrer Kapelle, sondern in vielen Formen und Farben in den Souvenirshops – mal naiv, mal pathetisch, aber immer mit dem Jesuskind auf dem Arm.

Schneejungfrau auf Sonneninsel

Seitdem Maria im römischen Sommer, es war das Jahr 367, Schnee fallen ließ, verehren Christen die ›Schneejungfrau‹. So auch der Eroberer Alonso de Lugo. Kaum hatte er 1493 La Palma in seine Gewalt gebracht, gründete er hier den Ort Las Nieves (›Schnee‹) mitsamt Marienheiligtum. Ob er die 57 cm hohe flämische Marienfigur selbst beisteuerte, ist unklar. Gewiss ist, dass sich der Papst schon 1523 auf die Verehrung einer »Heiligen Maria auf La Palma« berief.

Lass es regnen!

Das bedeutendste Marienwunder auf der Insel La Palma vollzog sich 1636: Als die Insel unter einer großen Dürre litt, ließ der Bischof die Heiligenfigur nach Santa Cruz tragen. Und siehe: Am nächsten Tag regnete es in Strömen. Seit jenem Jahr wird Maria bei allem Unglück um Hilfe angerufen.

Damit es gar nicht erst zu Katastrophen kommt, findet alle fünf Jahre (das nächste Mal 2025) die **Bajada de la Virgen** statt, der ›Abstieg der Jungfrau‹ in die Hauptstadt. Bei dem 40 Tage währenden Fest geht es um mehr als nur eine prächtige Prozession. Zur Schau gestellt werden die schönsten weltlichen Freuden – vom gigantischen Feuerwerk bis zum skurrilen Zwergentanz (► S. 20). Zur Bajada werden die Straßen der Stadt neu asphaltiert und im Eiltempo Gesetze verabschiedet: Wenn Zehntausende von Ex-Palmeros aus aller Welt kommen, will sich die Insel von ihrer besten Seite zeigen.

Dunkelhäutige Passagierin

In der Zeit zwischen den Festen empfängt die Schneejungfrau ihre Besucher im **Real Santuario** 1, der ›königlichen Residenz‹. Der Titel ist kein Witz, sondern von der spanischen Krone verliehen.

Wer die Schneejungfrau sieht, ist überrascht, denn sie ist nicht weiß, sondern dunkel, hat mandelförmige Augen und einen strengen Mund. Das Jesuskind hält sie im Arm wie einen Fremdkörper. Die Schneejungfrau zieren ein Krönchen und ein mit Edelsteinen übersätes Gewand. Sie thront in einem Silberschrein, der in den 1707 geschnitzten Hauptaltar integriert ist. Gemälde illustrieren die von ihr vollbrachten Wunder, darunter oft die Errettung aus Seenot. Die naiven Bilder haben Matrosen für die Jungfrau malen lassen, um ihren Dank auszudrücken. Es ist die größte Sammlung maritimer Votivbilder auf den Kanaren. Eines von ihnen entstand bereits 1639 und ist somit das älteste Spaniens. »Liebe Maria, schick' uns einen Blitz, damit wir die Küste sehen!« steht in einer Sprechblase auf einem der Bilder. Auf einem anderen heißt es: »Madre mia de las Nieves – steh' uns bei!« Es heißt, Schiffe seien nach ihr ›Virgen Milagrosa‹ (Wundertätige Jungfrau) benannt worden, mit an Bord waren Repliken der dunkelhäutigen Schönheit ...

Die Palmeros haben die Schneejungfrau in den letzten 400 Jahren reich beschenkt. Im Anbau der Kirche sind die Schätze in einem eindrucksvollen Museum zu sehen: juwelenbestückte Gewänder, Kronen und königliche Zepter, Gold- und Silberarbeiten, Heiligenskulpturen aus Europa und Amerika. Begeben Sie sich auf eine Zeitreise zurück in La Palmas koloniale Vergangenheit – und schauen zuletzt durch ein Fenster zum Hochaltar (Museo Camarín de la Virgen de las Nieves)!

INFOS/ÖFFNUNGSZEITEN

Anfahrt: mit dem Pkw über die LP-101 ab Santa Cruz

Real Santuario de Nuestra Señora de Las Nieves 1: tgl. 8.30–20 Uhr, Museo Camarín, www.museocamarin.es, Di–Sa 9–16 Uhr, 2 €

KULINARISCHES FÜR ZWISCHENDRIN

Im Grilllokal **Parrilla Las Nieves** 1 essen Sie urpalmerisch Fleisch aus eigener Schlachterei (Plaza de las Nieves 2, T 922 41 66 00, www.barparrillalasnieves.es, tgl. 13–17, 19–23 Uhr).

Faltplan: F 5

gegrillter Käse und hausgemachte Desserts (Velhoco 42/LP-101, km 6, T 922 41 10 24, www.chipichipi.es, Mo–Sa 12.30–23, So 12.30–17 Uhr | €). Gegenüber vom ›Krähenhaus‹ **La Graja** (Restaurant, Carretera a Las Nieves 32/LP-101) zweigt eine schmale, 400 m lange Palmenallee zum **Monasterio del Císter** (🕮 F 6) ab. Im Zisterzienserkloster wohnen nur wenige Nonnen – in strenger Klausur. Dies hindert sie freilich nicht, kulinarische Köstlichkeiten herzustellen. Es gibt Teigtaschen mit Kürbismarmelade (*cabello del ángel* = Engelshaar) oder mit Süßkartoffeln *(truchas)*, aber auch Makronen *(almendrados)*, Marzipan, Marmelade und Kräuterlikör – alles hergestellt in klösterlicher Ruhe nach traditionellem Rezept. Man muss nur am Klostereingang klingeln und bei der sich zeigenden Nonne das Gewünschte ordern (Camino de la Corsillada 10, T 922 41 45 00, tgl. 10–19 Uhr). Weiter auf der LP-101 kommen Sie zum Kreisel von **Buenavista,** wo Sie sich in der **Casa Osmunda** verwöhnen lassen können. ›Klein, aber fein‹ lautet hier die Devise. Geboten wird palmerische Küche mit kreativem Touch und marktfrischen Zutaten. Probieren Sie unbedingt eine der köstlichen Vorspeisen (Subida Mirador de la Concepción 2, nahe dem Verkehrskreisel LP-202/LP-3, T 922 18 61 23, FB: CasaOsmunda, Di–Sa 13–23, So 13–16 Uhr | €€€)! Vom Kreisel zweigt ein Sträßchen zur **Ermita de la Concepción** (🕮 G 6), der ›Kapelle Mariä Empfängnis‹, ab. Vom Aussichtspunkt eröffnet sich ein weiter Blick über den Osten von La Palma. Haben Sie mehr Lust auf einen Tierpark, wählen Sie am Kreisel die LP-202 Richtung Santa Cruz. Bei km 6 geht es rechts hinab zum Eingang des **Maroparque** (🕮 G 6). Kleine Warnung vorweg: Der Tierpark ist an einen Steilhang gebaut, sodass Sie über schwindelerregende Stege spazieren werden, vorbei an Käfigen und Gehegen. Zu sehen sind Exoten aus aller Welt: Titi-Äffchen und Papageien, Waschbären und Pythonschlangen, Kängurus und Kaimane (Calle Cuesta 28, T 922 41 77 82, www.maroparque.es, tgl. 10–18 Uhr, Eintritt 12,50 €).

LIEBEN SIE ROMANTISCHES AMBIENTE?

Dann quartieren Sie sich im **Molino Remanente** ein, einer restaurierten Wassermühle bei Las Nieves. Die beiden Apartments, von der Straße über einen steilen gepflasterten Weg erreichbar, bieten offene Dachstühle aus Holz, Ausblick ins Grüne und modernen Komfort (Las Nieves, T 922 41 56 36, www.la-fuente.com | €).

Los Cancajos 🕮 G 7

Mit mehr als 4000 Betten ist Los Cancajos La Palmas größtes Ferienzentrum – ›größtes‹ ist natürlich relativ, denn im Vergleich zu den Bettenburgen auf den Nachbarinseln wirkt Los Cancajos eher mini. Es liegt auf halber Strecke zwischen Inselhauptstadt und Flughafen, mehrmals täglich düsen Maschinen über den Ort hinweg.

Schöner schwarzer Strand

Die **Playa de Los Cancajos** wurde von der EU mit der Blauen Flagge ausgezeichnet. Sie spaltet sich auf in zwei dunkle, flach ins Meer abfallende Sandbuchten. Da sie vor starker Brandung durch Wellenbrecher geschützt sind, ist das Baden das ganze Jahr über auch für Kinder gefahrlos möglich. Liegen und Sonnenschirme werden vermietet, die Strandwacht hat das Geschehen von einem Holzturm im Blick.

Auf der Promenade bummeln

Ein romantischer Küstenweg führt vom Südende des Strandes – an der Touristeninfo vorbei – südwärts. Kleine Sitzecken, von denen man den Ausblick auf das tosende Meer und die umspülten Felsen genießt, laden zu einer Pause.

Vor Strömung und Brandung geschützt, ist der schwarze Lava-Beach von Los Cancajos ideal für Familien mit Kindern.

Während der Sommermonate werden in einem Freilufttheater Konzerte aufgeführt, auch die sonst geschlossene Saline wird für Musiker geöffnet.

SCHLEMMEN, SHOPPEN, SCHLAFEN

In fremden Betten

Viel Komfort
Taburiente Playa
Etwas klotziges Viersternehotel mit 293 Zimmern und Suiten. Am schönsten ist das Entree: Über die Halle gelangt man in ein hohes, lichtdurchflutetes Atrium; von den fünfstöckigen Galerien hängen Schlingpflanzen wie Vorhänge herab, Wasser plätschert über dunkles Vulkangestein. Rund um den Meerwasserpool geht es lebhaft zu, daneben gibt es Sauna und Fitness, für den Abend einen Piano- und Disco-Pub.
Playa de Los Cancajos, T 922 18 12 77, www.h10hotels.com | €€

Im kanarischen Stil
Hacienda San Jorge
Die in mediterranen Farben gestalteten Häuser mit insgesamt 155 Apartments stehen in einem Park mit alten Palmen und einem Meerwasserpool. Die verglaste Eingangshalle mit Drachenbäumen und Teichen erinnert an einen Wintergarten, das Restaurant thront wie eine Festung über dem Meer.
Playa de los Cancajos 22, T 922 18 10 66, www.hsanjorge.com | €€€

Farbenfroh
Las Olas
›Die Wellen‹ – so nennt sich die Anlage 100 m vor der brandungsumtosten Küste. Sie ist durch Erker, Türme und Arkaden aufgelockert, Pastellfarben sorgen für Frische. Die 182 Apartments verfügen über eine gut ausgestattete Kitchenette, Marmorbad und Balkon. Den schönsten Blick haben die Apartments am Pool.
Playa de los Cancajos s/n, T 922 43 30 15, www.hotellasolas.es | €€

Satt & glücklich

Klassiker am Strand

El Pulpo

Kleines Lokal in urigem Holzhaus am Strand. Serviert wird frischer Fisch *(pescado del día)*, Napfschnecken und Garnelen, dazu gibt es Landwein vom Fass. Am Wochenende kommen auch viele Palmeros hierher.

Playa de Los Cancajos, T 922 43 49 14, Do–Mo 12.30–19.30 Uhr | €

Sport & Aktivitäten

Radfahren

Su Bici Los Cancajos

Man vermietet hier vor allem E-Bikes, aber auch Mountainbikes sowie Kinderräder und organisiert Bike-Ausflüge in Kleingruppen (max. 6 Pers.).

Centro Cancajos (Erdgeschoss), T 674 78 88 50, www.la-palma-active.com, So Ruhetag

Tauchen

Buceo Sub La Palma

Die Tauchschule bietet Kurse für Anfänger und Spezialkurse sowie Schnorchelausflüge, je nach Wetterlage wechselnde Tauchspots. Sie können freilich auch selbständig tauchen, das Equipment ist neuwertig, kann ausgeliehen bzw. gekauft werden.

Travesía de Los Cancajos, H10 Taburiente Playa / Aparthotel Costa Salinas, Local 3, T 686 756 79, www.buceosub.com, So Ruhetag

Wandern und Ausflüge

Isla Bonita Tours

Busausflüge, geführte Wanderungen und Transfers zum Ausgangspunkt der gewünschten Tour.

Urbanisación La Cascada, Calle La Corvina s/n, T 616 41 90 26, www.islabonitatours.com/de

Wenn die Nacht beginnt

Ein Bier oder ein Glas Wein an der Promenade bzw. in den Bars in zweiter Reihe – das war's fast schon. Wer mehr Action braucht, besucht die Hotels **Taburiente Playa** und **Las Olas,** wo es mehrmals wöchentlich Tanz- und Musik-Shows gibt. Sofern sie etwas konsumieren, sind auch Nicht-Hotelgäste willkommen.

INFOS

Oficina de Turismo: Calle Punta de la Arena 4, 38712 Los Cancajos, T 922 18 13 54, www.lapalmacit.com, Mo–Fr 10–18, Sa/So 10–14 Uhr. In dem modernen Pavillon an der Küstenpromenade erhalten Sie Tipps und Broschüren.
Bus: Linie 500 verbindet Los Cancajos mit Santa Cruz und dem Flughafen.
Taxi: T 922 43 40 46

Breña Alta und Breña Baja

F/G 6/7

Villenviertel, Reihenhaussiedlungen und üppige Gärten – so sieht's südlich von Santa Cruz aus. ›Alta‹ liegt oben, ›Baja‹ unten: Die beiden Gemeinden sind derart miteinander verflochten, dass man nicht weiß, wo die eine aufhört und die andere beginnt.

Sanft steigen die Hänge zum zentralen Bergmassiv an, sind mit Gärten, hier und da noch einer Tabak- oder Bananenplantage bedeckt. Neben Hauptstädtern haben sich hier viele Ausländer niedergelassen – der Wohlstand wird in umzäunten Anlagen geschützt. Hier befinden sich auch etliche Unterkünfte, u. a. Komforthotels, Ferien- und Landhäuser. Die Ortschaften gehen ineinander über und sind diffus gegliedert, einen lebendigen Ortskern entdeckt man nur in **San Pedro** (Breña Alta), ansatzweise auch in **San Antonio** und **San José** (Breña Baja). Sie taugen als Ausgangspunkt zur Erkundung der Insel, doch vor Ort finden Touristen wenig, was sie zu längerem Bleiben ermuntert.

ROLLING, ROLLING, ROLLING

In der Zigarrenmanufaktur **Puros Artesanos Julio** können Sie die Plantage besichtigen und die Zigarrendreherinnen und -dreher *(torcedores)* live bei der Arbeit beobachten. Der Familienbetrieb liegt auf halber Strecke zwischen Breña Baja und Breña Alta – ganz in der Nähe vom Supermarkt Spar El Porvenir.
Calle Cabaiguán 14, Breña Alta, T 922 42 93 48, www.purosartesanosjulio.com, Mo–Fr 8–13, 15–18 Uhr

Hommage an die Zigarre

Im **Museo del Puro Palmero**, einem restaurierten Gutshof am oberen Ortsausgang von San Pedro, dreht sich alles um die palmerische Zigarre: den Zauber ihres Rauchs und seine nützliche Wirkung, die Ausbreitung des Tabaks von der Neuen in die Alte Welt, den Prozess der Ernte und die Kunst des Zigarrendrehens. Und gleich nebenan beleuchtet das **Museo de la Fiesta de las Cruces** das ›Fest der Kreuze‹ am 3. Mai (im Eintrittspreis inbegriffen).
Parque de los Álamos/Calle La Cuesta (San Pedro), LP-202, Di–Sa 10–13 Uhr, Eintritt 3 €

Stilvolles Ambiente

Parador de La Palma
Komfort in einem nostalgisch angehauchten Ambiente: Das im kanarischen Stil erbaute Hotel ist das jüngste Haus der staatlichen Parador-Kette. Durch einen lichtdurchfluteten, begrünten Innenhof mit Sitzecken gelangt man in die stilvollen Aufenthalts- und Speiseräume. Alle 78 Zimmer sind gemütlich mit Balkon und Weitblick aufs Meer. Im subtropischen Garten befindet sich ein Pool, außerdem gibt es Sauna und Fitnessraum (im Preis inbegriffen).
Carretera de El Zumacal s/n (Breña Baja), T 922 43 58 28, www.parador.es | €€–€€€, Rabatt für Senioren und Studenten

Termin

Fiesta de San Isidro: 15. Mai. Volksfest für den Schutzheiligen der Bauern in San Isidro, einem Ortsteil von Breña Alta. Mit Prozession und Viehmarkt.

Villa de Mazo G 8

Aus seinem Dornröschenschlaf erwacht der traditionsreiche Ort am Wochenende, wenn in Villa de Mazo der Bauern- und Erzeugermarkt stattfindet.

Villa de Mazo liegt 12 km südlich von Santa Cruz an einem Hang. Von der Durchgangsstraße führt die abschüssige Gasse Caridad Salazar zur blumengeschmückten Plaza mit Rathaus und Bibliothek hinab. Ein wenig tiefer befinden sich die Markthalle, eine Kunsthandwerkschule und die Kirche San Blas.

Kunsthandwerk über alles

Man komme und staune: Der auffällige, vorbildlich restaurierte ›Rote Palast‹ links der Gasse Caridad Salazar stammt aus der Zeit der Belle Epoque (1911) und ist bekannt als **Museo Casa Roja,** ein Museum der Klöppelei und Stickerei (Museo del Corpus y el Bordado). Auch über die Tradition des

Auf La Palma ticken die Uhren langsamer als bei uns, die Menschen haben noch Zeit füreinander. In vielen Bereichen des Alltags hat Lebensgenuss Vorrang vor Arbeitseffizienz. *Tranquilo* – ›immer mit der Ruhe‹ – heißt es, wenn gestresste Mitteleuropäer das von zu Hause gewohnte Tempo einfordern. Wer sich auf den Zeitrhythmus der Palmeros einstellt, erspart sich nicht nur manchen Frust, sondern macht auch die Erfahrung, dass mußevolles Leben schön sein kann.

wichtigsten Festes der Stadt werden Sie informiert: Zu Fronleichnam werden in Mazos Straßen farbenprächtige ›Teppiche‹ aus Blüten ausgelegt. Noch mehr Kunsthandwerk erleben Sie in der **Escuela de Artesanía.** In einem großen, im Stil eines kanarischen Herrenhauses errichteten Bau wird den ganzen Tag über gewebt und getöpfert, geflochten und geschnitzt. Die Produkte werden gleich vor Ort verkauft, am Wochenende haben die Kunsthandwerker einen Stand in der Markthalle.

Museo Casa Roja: Calle Maximiliano Pérez Díaz s/n, meist Mo–Sa 10–14 Uhr, Eintritt 2–4 €

Escuela de Artesanía: Calle Dr. Morera Bravo 1, T 922 44 00 52, Mo–Fr 9–13, im Winter auch 15–18 Uhr

Zu Ehren des hl. Blasius

Im unteren Teil von Villa de Mazo entdecken Sie eine der ältesten Kirchen der Insel (1512), die **Inglesia de San Blas**, mit einer Holzdecke im Mudéjar-Stil und wertvollen Renaissance-Skulpturen aus Flandern. Prunkstück ist der aus Kiefernholz geschnitzte Flügelaltar, in dessen Nischen ausdrucksvolle Heiligenfiguren stehen. Die Besichtigung ist nur vor und nach jeder Messe möglich.

SCHLEMMEN, SHOPPEN, SCHLAFEN

In fremden Betten

Landhaus mit allem Drum und Dran
Casa Felipe Lugo
Alleinstehendes Haus nahe dem Vulkanberg Montaña de La Breña mit komfortabler Wohnküche und Kamin, stilvollem Bad und Schlafzimmer mit sehr guten Betten – dazu Fußbodenheizung in sämtlichen Räumen und Internetzugang! Wunderbar auch der große, romantische Garten, der traumhafte Pool (mit mobiler Glasabdeckung) und die Terrassen mit Blick auf das Meer.

Camino Montaña la Breña 101-A (La Rosa), mind. 1 Woche, buchbar über www.la-palma-turismo-rural.de (► S. 112) | €€

Satt & glücklich

Urig – fast am Flughafen
Casa Goyo
In der südlichen Einflugschneise liegt das seit vielen Jahren für seine Tapas und Fischgerichte beliebte schlichte Lokal. Sonntags sollten Sie vorbestellen, dann ist es hier nämlich sehr voll und es gibt zudem frische Paella. Sie sitzen – wie in alten Zeiten – in Separees und kleinen Buden, ein paar Plätze gibt es auch draußen.

Calle Lodero 120, T 922 44 06 03, Mo–Mi 8–17, Do–So 9–17 u. 19–22.30 Uhr | €

Stöbern & entdecken

Immer noch eine Schatzkiste
Mercadillo
Der ›Kleine Markt‹, einst Pionier aller Märkte auf La Palma, hat seine Vorreiterrolle an die Märkte von Puntagorda und El Paso abgegeben. Trotzdem bekommen Sie in der kleinen Markthalle immer noch exotische Konfitüre, Ziegenkäse und pikante Mojo-Soßen, Brot und Mandelgebäck, natürlich auch Wein, abgefüllt in Flaschen ohne Etikett und Jahrgang. Wer Qualität bevorzugt, kauft

den kräftig-herben Rotwein der hiesigen Bodega El Hoyo.

Calle Dr. Morera Bravo, T 922 44 00 03, sicherste Besuchszeit Sa 9–16, So 9–13 Uhr

TERMIN

Corpus Cristi: Mai/Juni. Das Fronleichnamsfest von Villa de Mazo gilt als das farbenprächtigste der Insel. Auf allen wichtigen Straßen werden Blumenteppiche ausgelegt, die zuvor in wochenlanger Arbeit von Gläubigen und Künstlern geknüpft wurden; Pflanzengirlanden sind zu Triumphbogen geformt.

IN DER UMGEBUNG

Altkanarische Höhlen

Das Höhlensystem **Cueva de Belmaco** (🕮 G 9), eines der größten des Archipels, ist erreichbar über die untere Straße nach Los Canarios. Es handelt sich wahrscheinlich um die ehemalige Residenz des Stammeshäuptlings von Tedote, des Herrschers über einen der zwölf altkanarischen Inselstämme. Die 1752 hier entdeckten Felszeichnungen lassen auf einen intensiven Mond- und Sonnenkult der Benahoaritas, der prähispanischen Bewohner, schließen. Die Fundstelle liegt am Ende eines archäologischen, mit Schautafeln hergerichteten Lehrpfads.

LP-2, Km. 13,1 (Lomo Oscuro 32), T 922 44 00 90, Mo–Sa 10–15 Uhr, Eintritt 2 €

WIE KAMEN DIE UREINWOHNER AUF DIE INSEL?

In seinem Roman »Der die Adler sieht« (2023) erzählt der Ethnologe und Wahl-Palmero Harald Braem, wie es gewesen sein könnte: Mit Schilfbooten wagen sich Menschen von Nordwestafrika hinaus auf den unbekannten Atlantik. Nach Stürmen, Seenot und Schiffbruch landen sie auf den Kanaren …

Das Buch ist (nach »Tanausú« und »Die abenetuerlichen Reisen des Juan G.«) der dritte Band einer La-Palma-Trilogie.

Da ist kein Blumentopf nötig: Weihnachtssterne wachsen auf La Palma einfach so in freier Natur, z. B. bei der Cueva de Belmaco.

Der Südwesten

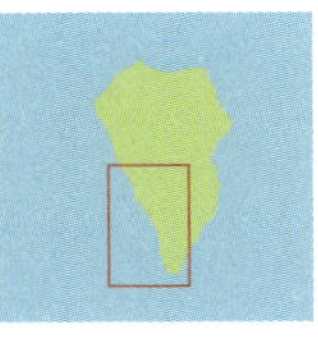

Zwei Leuchttürme stehen an La Palmas Südspitze. Der alte hat als Orientierungspunkt ausgedient, dafür wirft der neue, knallrot-weiß gestreifte sein Leuchtfeuer 14 Seemeilen auf den Atlantik. Doch weit mehr noch als die Türme ist die wilde Umgebung ein Hingucker: schwarze Klippen, an die das Meer seine Wellen wirft, grellweiße Salzbecken, in denen das ›weiße Gold‹ zu Pyramiden getürmt wird, und im Hinterland erstarrte Lavazungen, die sich einst über die Steilhänge ergossen.

Los Canarios (Fuencaliente)

E 11

Wer hier im Winter Urlaub macht, muss sich warm anziehen: Los Canarios liegt auf 700 m Höhe und ist oft in Wolken gehüllt. Das 500-Seelen-Dorf, wichtigster Ort der Gemeinde Fuencaliente, liegt am Südzipfel der Insel.

An der Hauptstraße, der LP-2, ist alles Wichtige dicht beieinander: Lokale und Läden, Pensionen und ein Supermarkt. Etwas oberhalb steht die **Iglesia de San Antonio,** eine schlichte Kirche zu Ehren des Schutzpatrons der Tiere. Für die meisten Besucher ist der Ort nur ein Zwischenstopp. Wer länger bleiben und nicht frieren will, quartiert sich in den wärmeren Weilern Las Indias und Los Quemados (▸ S. 37) ein.

Kontrastreiche Umgebung

In den oberen Lagen führen steile, kiefernbestandene Hänge zur **Cumbre Vieja,** dem jungvulkanischen Inselrückgrat hinauf, abwärts geht es zu bizarren Vulkankratern. Aus dem zu fruchtbarer Erde verwitterten Lavagrund treiben grüne Reben hervor. Der aus ihnen gewonnene Wein ist so gut, dass er sich mit der begehrten staatlichen Herkunftsbezeichnung *(denominación de origen)* schmücken darf. Ab ▸ S. 37 werden die Touren zu den **Vulkanen San Antonio** und **Teneguía** vorgestellt, auf ▸ S. 40 die warme Küstenregion.

SCHLEMMEN, SHOPPEN, SCHLAFEN

In fremden Betten

Mitten im Geschehen
Pensión Central
Fünf einfache Zimmer und vier Studios mit Gemeinschaftsküche und einer Dachterrasse, die den Blick auf den Vulkan San Antonio eröffnet. Ideal für einen Stop-over nach der Vulkantour!
Calle Yaiza 4, T 692 47 95 06, www.lapalmahostel.com | €

Satt & glücklich

Rustikal
La Casa del Volcán
Gemütliches Restaurant kurz vor dem Eingang zum Vulkan San Antonio, die Besitzer verwenden fast ausschließlich Früchte der Insel. Als Hauptspeise empfehle ich Fleisch vom Lamm und Kaninchen, dazu Wein aus der hauseigenen Bodega. Freundlicher Service.
Calle Los Volcanes 23, T 922 44 44 27, Di–Sa 13–16, 18–21 Uhr | €–€€

Stöbern & entdecken

Kunsthandwerkskooperative
Taller de Artesanía
Sie können Frauen beim Sticken und Weben zusehen, der einzige Mann in der Werkstatt fertigt aus Gold- und Silberfäden Einlegeschmuck im Toledo-Stil. In Regalen Obstliköre aus eigener Herstellung, einheimische Weine und Getreidekuchen.
Carretera General del Sur 104, Mo–Fr 10–14, 15–18 Uhr

Beliebte Dorfbar
La Parada
Bei Eduardo (▸ S. 120) bekommen Sie Gofiokuchen *(rapaduras de gofio),* hausgemachte Mandelmakronen *(almendrados)* und Inselhonig *(miel).*
Carretera General 96, tgl. ab 8 Uhr | €

Kleinigkeiten
Zulay
Sehr gute Törtchen, Sandwiches und Snacks, dazu ein guter Kaffee!
Carretera General 82, T 711 74 19 17, www.panaderiazulay.com, tgl. ab 9 Uhr | €

Gute Tropfen
Bodegas Carballo
Der Familienbetrieb liegt unterhalb des

Ernste Angelegenheit: Die Weine der Bodegas Carballo gehören zu den besten auf La Palma. Wer den köstlich süßen Malvasía Dulce kostet, bekommt auf jeden Fall gute Laune!

Ortes, gegenüber der Zufahrt zum Vulkan San Antonio. Die Weinauswahl ist hier die beste, vor dem Kauf darf gekostet werden. Es gibt gelb schimmernden Listán Blanco und roten Negramoll, am feinsten schmeckt der süße, hochprozentige Malvasía Dulce. Herrscht kein Andrang, wird auch die Bodega geöffnet, in der nebst einer modernen Abteilung ein musealer Raum mit hölzerner Weinpresse und uralten Weinfässern zu sehen ist.
Ctra. de las Indias 44, T 922 44 41 40, Di–Sa 11–19 Uhr

Infos und Termine

Touristeninformation: Plaza Minerva (neben dem Busterminal), 38740 Fuencaliente, T 615 39 06 16, www.turismofuencalientedelapalma.com, Mo–Fr 9–14, 15–17 Uhr
Bus: Linie 200 verbindet Los Canarios mit Santa Cruz, Linie 210 mit Los Llanos de Aridane, Linie 23 mit dem Leuchtturm (Faro) via Hotel Teneguía Princess La Palma (Cerca Vieja)
Taxi: T 922 44 08 25
Fiesta de la Vendimia: 2. Augusthälfte. Zur Zeit der Weinlese *(vendimia)* wird in Los Canarios ein 14 Tage währendes Fest gefeiert. Für die einen hat es seinen Höhepunkt im ›Tanz der Pferde‹ und im ›Tanz der alten Jungfern‹, für die anderen im Wein, der in Strömen fließt.

Las Indias und Los Quemados

D/E 11

Wie Nester kleben die Häusergruppen an den Bergflanken des Südwestens und bieten eine wunderbare Aussicht aufs Meer. Mehrere Fincas wurden für Naturtouristen restauriert: Hier wohnt man ›weit ab vom Schuss‹, ein Mietwagen ist ratsam. Das Klima könnte nicht besser sein: Im Schatten des Nordostpassats erlebt man selbst im Winter sommerliche Tage.

Tanz auf dem Vulkan – **Wanderrunde bei Los Canarios**

Grüne Insel – von wegen! Im Inselsüden sehen Sie Schlacke und zertrümmerte Lava. Bevor Sie sich dem Volcán de San Antonio nähern, lassen Sie sich im Besucherzentrum in den Vulkanismus einführen. Anschließend geht es zum Teneguía, La Palmas zweitjüngstem Vulkan.

Heftig war die **Eruption des San Antonio** im Jahr 1677: Mehrere Schlote öffneten sich, und es ergoss sich so viel Lava über die Steilflanken, dass eine neue Küstenplattform entstand. Knapp 300 Jahre später, 1971, spie der **Teneguía** 24 Tage lang Feuer und Asche. Seine Lavaströme überspülten die des San

Antonio und preschten vor bis zum Meer, wo neues Land entstand. 2021 war es dann wieder soweit: Nach 85 dramatischen Tagen entstand im Westen der Insel mit dem **Tajogaite** La Palmas jüngster Vulkan (► S. 4).

Knapp unterhalb von Los Canarios befindet sich die Zufahrt zum Vulkan San Antonio. Am Wachhäuschen lösen Sie ein Ticket für das in eine Bergflanke gebaute **Besucherzentrum** 1 (Centro de Visitantes). In einem Doku-Film erfahren Sie Interessantes über den vorletzten Vulkanausbruch 1971 (► Randspalte). Auch zwei Seismografen sind aufgestellt: Einer zeigt die durch die Schritte der Besucher ausgelösten Erschütterungen, der andere die steten, kaum wahrnehmbaren Bewegungen in der Erdkruste.

Vom Winde verweht

Auf die Theorie folgt die Praxis: Vom Parkplatz folgen Sie dem Weg zum **Volcán de San Antonio** 2 und kämpfen gegen die oft unerwartet einsetzenden heftigen Windböen. Vom Gipfelrand schauen Sie in den 50 m tiefen Kratertrichter, auf dessen Grund zarte Pflanzen gedeihen. Faszinierend ist auch der Fernblick über den dunkel zerborstenen Teneguía. Nach 10 Min. heißt es umkehren: Die Umrundung des Kraters ist aus Gründen des Naturschutzes untersagt.

Wenn der Fels leuchtet

Zurück am Besucherzentrum bieten sich zwei Möglichkeiten: Entweder steigen Sie zum Leuchtturm **Faro de Fuencaliente** hinab (3 Std.), von wo es per Bus nach Los Canarios zurückgeht. Oder Sie unternehmen eine Rundtour (3 Std.), dann sind Sie nicht auf den Bus angewiesen. In beiden Fällen folgen Sie dem rot markierten Weg GR-131 zu einer Piste hinab. Auf dieser geht es nach links – vorbei am **Roque Teneguía** 3, einem älteren Vulkan – zu einem Parkplatz, wo ein steiler, leicht ausgesetzter Weg startet. Über aufgerissene, von gelb bis rostrot leuchtende Flanken steigen Sie aufwärts und kommen ins Schwitzen – vielleicht auch bei der Vorstellung, aus den Spalten könnte bald wieder heiße Luft austreten. Vom **Volcán de Teneguía** 4, der seine Umgebung 100 m überragt, haben Sie einen weiten Blick über die Lavaströme.

Beim Abstieg zweigt vor dem Parkplatz rechts der GR-131 zum **Leuchtturm** ab. Indes führt die Rundtour über den Parkplatz zu einer Pistengabelung, an der Sie sich rechts halten. An der Kreuzung nach 5 Min. schwenken Sie links ein, nach 200 m abermals links: Der mit rot-weißen Säulen markierte Weg führt durch Weinanpflanzungen aufwärts. Nach 30-minütigem Aufstieg stoßen Sie in einer Senke auf eine Kreuzung, an der es linker Hand zum **Besucherzentrum** 1 zurückgeht.

▶ INFOS & LESESTOFF

Wie sind die Kanarischen Inseln entstanden und warum sind die Vulkane gerade im Inselsüden noch aktiv? Dies und vieles mehr erklären Rainer Olzem und Timm Reisinger in ihrem Geologischen Wanderführer **La Palma** (RT Verlag 2018): frei von Fachjargon und gut illustriert – mit Fotos, Karten und aufschlussreichen geologischen Skizzen.

INFOS/ÖFFNUNGSZEITEN

Anfahrt: Zufahrt zum Centro de Visitantes von der LP-209

Centro de Visitantes Volcán de San Antonio 1: tgl. 9–18, im Sommer bis 20 Uhr, Eintritt 5 € (zu entrichten am Eingang zum Parkplatz), Kinder bis 16 Jahre frei

KULINARISCHES FÜR ZWISCHENDRIN

Auf dem Weg zum Besucherzentrum: Links der Straße bekommen Sie in der rustikalen **Casa del Volcán** 1 kanarische Hausmannskost, dazu Tropfen der Bodega (Calle Los Volcanes 23, T 922 44 44 27, www.lacasadelvolcan.es, Di–So 13–16, 18–21 Uhr | €€).

Faltplan: E 11

Flirrende Salzgärten – **an der Inselsüdspitze**

Statt karibisch weißem Sand schwarze Lava, statt Palmen verwitterte Felswände: Ein Freund herber Landschaften muss man sein, um sich für diesen Küstenstrich zu begeistern. Am Fuße des Leuchtturms entdecken Sie Salzgärten und ein Besucherzentrum.

Nachdem Sie von Los Canarios auf der LP-207 viele Kehren durch schwarze Ödnis zurückgelegt haben, freuen Sie sich über hellere Bilder: Vor dem Hintergrund des Meeres reckt sich der **Faro de Fuencaliente** 1 in die Höhe, ein weiß-rot gestreifter Leuchtturm. Seitlich davon steht ein älterer, aus Naturstein erbauter **Turm** 2.

Expedition Unterwasserwelt

Bevor Sie dem Wunsch nachgeben, im Meer zu baden, lohnt ein Blick ins Innere des älteren Turms, worin sich das **Centro de Interpretación de la Reserva Marina de La Palma** 2 befindet. Hier ist alles so gestaltet, dass man glaubt, Teil der Unterwasserwelt zu sein. In einem schummrig beleuchteten Raum scheint der Boden abgesenkt, aus der Taucherperspektive blickt man auf ein Felsriff voller Fische. Zur Meeresoberfläche hin erkennt man die Unteransicht eines Bootes. Ein Netz ist ausgeworfen, in dem sich ein Delfin verfangen hat. Ein Kurzfilm wird später erläutern, weshalb so viele Delfine als Beifang verenden und was es mit rücksichtslosem Fischfang auf sich hat. Ein zweiter Film zeigt La Palmas Unterwasserwelt: Wasserschildkröten lassen sich mit der Strömung treiben, Riesenrochen gleiten mit sachtem Flossenschlag am Meeresboden entlang, erschreckend lang sind die Arme der Quallen.

»Salz ist von den reinsten Eltern geboren, der Sonne und dem Meer.«
Pythagoras

Weißes Geld

Vom Leuchtturm folgen wir dem Küstenweg ostwärts. Am Fuß schwarzer Klippen, an denen unentwegt die Brandung nagt, breiten sich die **Salinas de Fuencaliente** 3 in Form eines großen Schachbretts aus. Wie wertvoll Salz *(sal)* einmal war, lässt sich dem Wort Salaire (span.: *salario* = Gehalt) entnehmen. Es erinnert daran, dass der weiße Stoff als Zahlungsmittel diente.

Blumen aus Salz

Heute, da Salz industriell in Vakuumverdampfungsanlagen produziert wird, erlebt man nur selten, dass es – wie hier in Fuencaliente – traditionell hergestellt wird. Dabei ist die Technik einfach und effektiv: Bei Flut werden die meernahen Becken des ›Schachbretts‹ überspült; sobald genügend Wasser eingedrungen ist, wird der weitere Zufluss gesperrt. Alsdann wird das Wasser in die oberen Becken gepumpt, wo es in der Sonne verdunstet, während das Salz auskristallisiert. Der so gewonnene klumpige Stoff wird zu kleinen Pyramiden gerecht, damit er vollständig trocknen kann. »800 Tonnen ernten wir pro Jahr«, so der Betreiber Andrés Hernández, »davon sind drei Tonnen allerfeinstes Flor de Sal.« Er setzt sich dafür ein, dass kanarisches Meersalz das Prädikat ›geschützte Ursprungsbezeichnung‹ erhält. Die Anerkennung der Saline als Vogelschutzgebiet hat er schon erreicht: Zur Herbstzeit kommen Regenpfeifer und Brandenten, Steinwälzer und Stelzenlaufer, manchmal sogar Flamingos, die im Feuchtgebiet der Salzgärten Nahrung finden.

In den Salinen von Fuencaliente können Sie fein- und grobkörniges Salz erwerben, reich an Kalzium, Magnesium und Jod. Die oberste, täglich abgeschöpfte Salzschicht ist besonders mineralreich und wird als ›Flor de Sal‹ (Salzblume) vermarktet.

INFOS/ÖFFNUNGSZEITEN

Anfahrt: ab Los Canarios über die LP-207
Centro de Interpretación de la Reserva Marina de La Palma 2: Faro Antiguo de Fuencaliente, T 922 48 02 23, Di–Sa 9–17 Uhr, Eintritt 2 €
Salinas de Fuencaliente 3: Carretera de la Costa Faro 5, T 922 69 60 02, Mo–Fr 9–17 Uhr, Eintritt frei

KULINARISCHES FÜR ZWISCHENDRIN

Im Restaurant **Jardín de la Sal** 1 kommen – mit Blick auf die Salinen – Fischgerichte auf den Tisch (tgl. 12 Uhr bis zur Dämmerung | €€).

Faltplan: E 12

Fahren Sie von Los Canarios die LP-209 hinab, passieren Sie zunächst den Weiler **Las Indias,** der mit Kulturzentrum und Supermarkt aufwartet. Seinen Namen verdankt der Ort Christoph Kolumbus, der auf seiner Fahrt über den großen Teich Indien, das Land der Schätze, erreicht zu haben glaubte. Und manch ein Canario behauptet, auch er habe von hier, dem westlichsten Punkt des Archipels, das ›gelobte Land‹ sehen können.
Vom Scheitelpunkt einer Haarnadelkurve zweigt die LP-2091 nach **Los Quemados** ab. Der Name (›verbranntes Land‹) spielt auf die von schwarzer Lava überfluteten Steilhänge an, doch es gibt auch liebliche Momente: Reben kriechen die Flanken empor, in den Gärten alter Natursteinhäuser sprießt üppiges Grün. Weiter unten, in **Cerca Vieja** und fast auf Meereshöhe, entstand ein Viersternehotel, das den Beginn einer neuen touristischen Ära einläutete: ein großes Hoteldorf entstand. Dazu passt, dass rund um den **Leuchtturm** und an der **Punta Larga** Strandhütten abgerissen wurden: Unter Berufung auf das Küstengesetz, das den Bau von Häusern in unmittelbarer Küstennähe untersagt, wird Ordnung geschaffen – was auch heißen könnte: ein sauberes Umfeld für zukünftige Bauherrinnen. Sobald die ökonomische Lage Besserung verspricht, werden Stimmen laut, die sich von der Existenz z. B. eines Golfplatzes hohe Gewinne versprechen …

Romantische Badebuchten

Nördlich des Hoteldorfs (auf dem Faltplan bei Cerca Vieja eingetragen) gelangen Sie zu den **Playas de Zamora.** Die erste der beiden, die großartige **Playa Chica,** breitet sich im Halbrund hoher Klippen aus: eine schwarze, sichelförmige Sandbucht, in der es sich herrlich baden und schnorcheln lässt – ein steiler Treppenpfad führt zu ihr hinab. Durch einen Felsvorsprung ist von ihr die etwas größere **Playa Zamora** abgetrennt: gleichfalls über einen Klippenpfad zugänglich, doch aufgrund der Gefahr von Steinschlag häufig geschlossen.
Für die Zukunft ist geplant, eine 11 km lange Küstenpromenade bis Puerto Naos anzulegen und hier, im ›sonnensicheren‹ Südwesten, weitere Hotels entstehen zu lassen … Vorerst freilich

Gibt es einen schöneren Ort für eine Unterkunft? Von der Casona Los Melindros (▸ S. 44) reicht der Blick über steile Weingärten aufs Meer. An klaren Tagen taucht im Süden die Nachbarinsel El Hierro aus dem Wasser auf.

gibt es nur eine schmale Straße, die sich über die Weiler Las Indias und Los Quemados zur LP-2 hinaufwindet. Auch südlich des Hoteldorfs, längs der LP-207, werden Strandliebhaber fündig. Vorbei an der **Punta Larga,** einer Bucht mit ›Wochenendhütten‹, kommen Sie bei km 12 zu einem Strandabschnitt, der für die wirtschaftliche Entwicklung der Insel noch wichtig werden könnte. Sie können Ihr Auto an einer Parkausbuchtung stehen lassen und auf einem mit Holzgeländer gesicherten Treppenweg zur **Playa Echentive** (alias **Playa Nueva** 🕮 E 12) hinabsteigen, einem großen Strand voller Kiesel.

Heiße Quelle

An der **Playa Nueva** sehen Sie zur Rechten eine kleine **Lagune,** kaum erkennbar ist der vorerst verschlossene Zugang zur ›heißen Quelle‹ *(fuente caliente).* Sie war einst von so großer Heilwirkung, dass Kranke den weiten Weg vom spanischen Festland nicht scheuten. Selbst der Konquistador Pedro Mendoza soll auf seiner Fahrt in die Neue Welt eigens auf La Palma einen Zwischenstopp eingelegt haben, um mithilfe des Heilwassers von seiner Syphilis zu genesen. Doch mit dem Ausbruch des Vulkans San Antonio (1677) war alles vorbei: Die Quelle wurde verschüttet und alle Versuche, sie wiederzufinden, waren vergeblich. Erst mit staatlich finanzierten Bohrungen gelang es 2005 dem Tiefbauingenieur Carlos Soler, die verschüttete heiße Quelle wiederzuentdecken. Für die Zukunft werden große Pläne geschmiedet. Man hofft, das 42 °C warme Wasser könne La Palmas Kurtourismus begründen. Die Inselregierung stellte Pläne des Architekten Federico Soriano für das zukünftige Kurbad vor. Ein Pool soll an die ursprüngliche Höhle erinnern, es soll Thermalbäder, Saunen und Massagebereiche geben, im Obergeschoss auch ein Museum und Gastro-Einrichtungen. Aber noch ist es nicht so weit, der Weg zur Realisierung ist lang. Auch gibt es Ökos, die sich dem Bau widersetzen könnten: Schließlich befindet sich das Objekt der Begierde in einem Landschaftsschutzgebiet.

Wenn an der Playa Zamora die Sonne im Meer versinkt …

SCHLEMMEN, SHOPPEN, SCHLAFEN

In fremden Betten

Hoteldorf im kanarischen Stil
Teneguía Princess / La Esencia de La Palma
Das Großhotel ist ein Ort für sich: Er liegt an der windgeschützten Klippenküste und ist mit kanarischen Architekturelementen attraktiv gestaltet. Die 625 Zimmer mit Viersternekomfort sind geräumig (*adults only* im Hotel La Esencia mit eigenem Restaurant). Besonders schön sind die höher gelegenen mit Meerblick. Die Pools sind teilweise von künstlichem Sand eingefasst, sodass man sich am Strand wähnt. Vor Ort buchbar ist das Spa- und Wellness-Center mit diversen Saunen. Morgens und abends gibt es ein gutes Büfett. Wer viel wandern will, kommt – wegen der strapaziösen Busanbindung – kaum um einen Mietwagen herum.
Ctra. de la Costa, Cerca Vieja 10, T 922 42 55 00, www.princess-hotels.com | €€–€€€

Der Künstler Luis Morera hat La Palma bunter und ein wenig verrückter gemacht – so wie hier auf der Plaza La Glorieta in Las Manchas de Abajo. Und wunderbar singen kann er auch.

Feudales Landhaus
Casona Los Melindros

Das 100-jährige Herrenhaus am Steilhang wurde nach einem Brand originalgetreu wiederaufgebaut, nur noch komfortabler: die Casona für sieben Personen mit vier Schlafzimmern, Salon mit Sat-TV und Internetzugang, zwei Bädern und Küche, die Casa für drei Personen im kleineren Nebenhaus. Cristóbal und Lourdes, die Besitzer, kümmern sich ums Wohl der Gäste, bringen sie ohne Aufpreis zum Startpunkt entfernter Wanderwege und holen sie auch wieder ab!

Calle Los Quemados 88, buchbar über www.la-palma-turismo-rural.de (► S. 112) | €€

Apartments am Hang
Finca Colón

Wie Colón (Kolumbus) schaut man vom Steilhang – zwar nicht bis Amerika, doch weit aufs Meer. Die 19 Apartments sind freundlich eingerichtet und gruppieren sich um zwei üppig begrünte Pools. Sat-TV und Heizung gibt es nur gegen Gebühr!

Los Quemados 54, buchbar z. B. über T 922 44 41 55, reserva@apartamentoscolon.es | €€

Satt & glücklich

Zum Sonnenuntergang
Puesta del Sol

Eine gute Adresse nicht nur zum Sonnenuntergang *(puesta del sol)*: Im kleinen, rundum verglasten Lokal genießen Sie den Meerblick. Señor Vidal, der in Deutschland Tourismus studiert hat, bietet jede Woche neue Gerichte an, z. B. Auberginen mit Ziegenkäse, Thun-Lasagne und mit Schinken gefüllte Champignons.

Ap. Colón, Los Quemados 54, T 689 51 09 53, Mo–Sa 13–19 Uhr, | €–€€

Hüttenlokal
Kiosko Zamora

Holzhaus mit Terrasse oberhalb der Playa Chica, einem der beiden Zamora-

Strände. Zum Fisch gibt es *papas arrugadas con mojo* sowie leichten Teneguía-Wein.

Playas de Zamora, T 618 85 72 73, Mi–So 13–21 Uhr, Fisch wird nach Gewicht berechnet.

Sport & Aktivitäten

Wandern

Jeden Morgen starten am Hotel Teneguía Princess / La Esencia de La Palma **Busausflüge und Bergtouren**.

Las Manchas D 8

Las Manchas heißt übersetzt ›die Flecken‹. Gemeint sind die inselartig aufragenden ›Flecken‹ älteren Landes, die bei jüngeren Eruptionen von der schnellflüssigen Lava nicht überspült wurden. Auch architektonisch wirkt der weitläufige Hang mit seinen bunt verstreuten Häusern wie ein Flickenteppich.

An der LP-2 reihen sich Straßendörfer wie Jedey und San Nicolás. Spannender ist, was sich in Las Manchas de Abajo unterhalb der LP-2 abspielt. Dort gibt es ein Weinmuseum, die vom Inselkünstler Luis Morera entworfene Plaza La Glorieta (▸ S. 47) und ein Vulkanbesucherzentrum.

Vulkanröhre

Am 24. Juni 1949 hatte der Vulkan San Juan glühendes Magma ausgespuckt, das sich von der Cumbre Vieja in 16 Tagen zur Küste wälzte. Als es sich an der Oberfläche aufgrund des Kontakts mit der Luft abkühlte und verfestigte, während es sich unter der Erde fortbewegte, entstand eine als leerer Lavastollen zurückbleibende Röhre. Im **Interpretationszentrum für Vulkanhöhlen** wird ihre Entstehung illustriert. Auch der Vulkanausbruch von 2021 wird ausführlich vorgestellt. Ein ca. 300 m langer Stelzenweg führt quer über das Gelände und endet am Eingang zur Röhre. In diese können Sie nur im Rahmen einer Extra-Führung hinabsteigen.

Centro de Interpretación de las Cavidades Volcánicas Caños de Fuego, Ctra. El Hoyo-Todoque, LP-211 km 1, T 690 63 49 93, www.lapalmacentrosturisticos.com, tgl. 10–18 Uhr, Eintritt 8 €, Rabatt beim Kauf eines Kombitickets für drei Besucherzentren (mit Roque de los Muchachos, ▸ S. 75, u. El Tendal, ▸ S. 85); die zweistündige Höhlentour kann z.B. über www.lapalmaoutdoor.com gebucht werden (20 €).

In einem Vulkanberg

Bodegón Tamanca

Das urige, traditionsreiche Lokal ist höhlenartig in einen Vulkanberg geschlagen. Man sitzt an Granittischen, trinkt Wein aus der eigenen Kellerei und verspeist *morcilla* (mit Mandeln und Rosinen abgeschmeckte Blutwurst), *chicharrones* (geröstete, in Gofio-Mehl gewälzte Speckstückchen) oder *jamón serrano*, den luftgetrockneten, in Keulen von der Decke hängenden Schinken.

Carretera General Las Manchas–Los Canarios km 42 (nördlich Jedey), im Herbst 2023 stand die Wiedereröffnung bevor | €–€€

Puerto Naos C 8

Noch immer gelten Puerto Naos und der Nachbarort als ›Sperrgebiet‹ (zona de exclusión). Wegen giftiger Gase dürfen Bewohner seit dem Vulkanausbruch nur hin und wieder und zeitlich begrenzt ihre Häuser betreten. Bei Redaktionsschluss (Herbst 2023) war Puerto Naos noch eine Geisterstadt, doch von der neuen Inselregierung erhofft man sich Maßnahmen, die zu einer dauerhaften Wiederbelebung der Stadt und zur Aktivierung des Tourismus führen.

Puerto Naos hätte eine Wiedergeburt verdient, denn der für La-Palma-Verhältnisse recht große Küstenort ist durchaus attraktiv. Schön sind der lange, mit Palmen bepflanzte Lavastrand und die darüber verlaufende

Wein und ein Schuss Exzentrik – **Las Manchas de Abajo**

In die Kunst der Kelterei lassen Sie sich in einem roten Herrenhaus einweihen – und testen sich danach durch alle Weine La Palmas! Vor der Weiterfahrt lohnt eine Pause auf dem Dorfplatz La Glorieta – er ist mit knallbunten Mosaiken ausgelegt, die den Traum vom Paradies erzählen. Gaudí lässt grüßen!

Auf der Schulter die Weintrauben, aus denen der Listán Blanco gekeltert wird.

Kleine Fläche, große Ausbeute

Überall Weinsträucher! Auf La Palma wachsen Reben nicht aufrecht am Stock, sondern dicht über dem Vulkanboden. Dies hat den Vorteil, dass sie dem oft starken Wind weniger Angriffsfläche bieten.

So klein die Insel auch ist, bringt sie doch sehr unterschiedliche Weine hervor. Je nachdem, ob die Reben im trockenen Süden oder im feuchten Norden, auf der sonnigen West- oder der oft wolkenverhangenen Ostseite, auf Meeres- oder Berghöhe gedeihen, variiert der Geschmack. Die Vielfalt spiegelt sich in den drei geschützten Herkunftsbezeichnungen (*denominación de origen* = ›DOC‹) Hoyo de Mazo, Fuencaliente und Norte. Jeder Winzer, der auf sich hält, versucht seinen Rebensaft unter einem dieser Labels zu vermarkten. Denn der Käufer greift lieber zu einem ›DOC‹ als zu einem ›normalen‹ Wein, weiß er doch, dass der solcherart gekennzeichnete Wein hygienisch einwandfrei hergestellt worden ist.

Krönung des palmerischen Weins ist der Malvasía Dulce: Er wird aus der kleinen, überreif geernteten Mittelmeertraube gewonnen und erreicht seine köstliche Süße ohne den Zusatz von Zucker.

Harznote auf der Zunge

Zwar gibt es auf La Palma eine Weinroute *(ruta del vino)*, die von einer Bodega zur nächsten führt. Doch weil die Winzer oft auf dem Feld sind, finden Besucher in den Bodegas nur selten Einlass. Aus diesem Grund wurde von der Inselregierung in einem hübsch restaurierten Herrenhaus ein **Museo del Vino** 1 eingerichtet. Ausführlich und anschaulich informiert es, auch auf Deutsch, über Geschichte und Herstellung des palmerischen Weins.

Interessant ist die originalgetreu eingerichtete, von säuerlichem Duft durchzogene Bodega im Gartenbereich, wo historische Weinpressen, Holzfässer und Transportgeräte ausgestellt sind. Zum Abschluss kann man die edlen Tropfen probieren und bei Gefallen auch kaufen. Auch der *vino de la tea* sollte dabei sein. Er stammt aus dem Norden, wo die Reben bis über 1500 m Höhe wachsen. Ihr Saft wird in Kiefernholzfässern gelagert, die ihm einen stark harzigen Beigeschmack verleihen. Harzwein wird zu deftigem Fleisch getrunken – mal schauen, ob Sie ihn mögen.

Im November, wenn die Weinlese zu Ende ist, finden im Weinmuseum die Tage der offenen Tür statt: Jedes Jahr können Sie dann bei freiem Eintritt Weine aus allen Anbaugebieten La Palmas probieren. Meist ist auch eine Folkloregruppe dabei! Weitere Infos auf: www.vinoslapalma.com

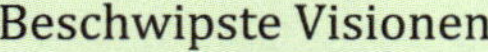

Beschwipste Visionen

Leicht angeheitert gehen Sie ein paar Schritte hinab zur **Plaza La Glorieta** 2. Inspiriert von Antoni Gaudí, von naiver und exotischer Kunst, hat Inselkünstler Luis Morera eine paradiesische Landschaft geschaffen (▶ Abb. S. 44). Rieseneidechsen und Pflanzen in allen Farben sind als Mosaik auf dem Boden ausgelegt. Sie schreiten über eine Welt hinweg, die heiter und voller Harmonie ist, über ein Inselidyll, das nur in der Fantasie existiert. Dem Zauber tut das keinen Abbruch: Aus dem Mund eines Chamäleons sprudelt Wasser in einen Brunnen, geschwungene Bänke, gleichfalls mit farbenfrohem Mosaik ausgelegt, laden ein zur Rast im Schatten von Hibiskus und Bougainvilleen.

INFOS/ÖFFNUNGSZEITEN

Casa Museo del Vino 1: Camino El Callejón 88, Las Manchas de Abajo, T 922 49 43 20, Mo–Fr 9–15 Uhr, Eintritt 1,50 € (inkl. Weinprobe)

KULINARISCHES FÜR ZWISCHENDRIN

Bei größerem Hunger fahren Sie die Straße hinauf zur LP-2, wo Sie der **Bodegón Tamanca** 1 (▶ S. 45) erwartet: ein wunderbares Höhlenrestaurant!

Faltplan: D 8

Flanierpromenade. An ihrem Nordende liegt der winzige Fischerhafen, dem der Ort seinen Namen verdankt. In den 1980er-Jahren war Puerto Naos noch ein sehr kleiner Fischerort, doch rasch entwickelte er sich – eingerahmt von Bananenplantagen – zum größten Ferienzentrum der Westküste. Rings um die weitläufige Bucht entstanden vierstöckige Apartmenthäuser und eine noch etwas größere Hotelanlage. Weniger attraktiv als im Strandbereich präsentiert sich Puerto Naos in den hinteren Straßen, wo Apartmenthäuser hochgezogen wurden, die einander Sonne und Ausblick rauben und an sozialen Wohnungsbau erinnern. Man staunt über so viel Fantasielosigkeit an La Palmas bester Badebucht!

Zehen im Sand vergraben

Hauptstrand des Ferienzentrums ist die noch gesperrte, 600 m lange **Playa de Puerto Naos** (🕮 C 8). Der Strand ist dunkel und mit Kieseln durchsetzt, Palmen verleihen ihm ›karibisches‹ Flair. Es gibt Duschen, Umkleidekabinen und Toiletten, sofern wieder in Betrieb, können Sonnenschirme, Liegen und Tretboote ausgeliehen werden.
Schon jetzt gibt es südlich von Puerto Naos Strandalternativen mit freiem Zutritt: Folgt man der Küstenstraße LP-213, erreicht man bei km 11 die Zufahrt zum ›Strand der Nonnen‹, der von Felsen flankierten **Playa de las Monjas** (🕮 C 9). In den Wintermonaten wird freilich der Sand oft fortgeschwemmt, dann macht nicht einmal das Sonnenbaden Spaß. Attraktiver ist die sich anschließende **Playa de Charco Verde** (🕮 C/D 9). Der schwarze Lavasand ist von schützenden Felsarmen eingefasst, Bambusschirme spenden Schatten, und eine Bar serviert kühle Getränke. Bei ruhigem Wellengang können Sie hier gut schwimmen. Apartments kann man auf einem Felsplateau oberhalb des Strandes mieten: Besonders schön ist **Villa Marta** mit sechs Wohneinheiten und einem Süßwasserpool mit Blick auf den Atlantik (T 646 56 75 71, www.bungalowslapalma.es/de | €€).
Noch weiter südlich, wo die Küstenstraße (vorerst) endet, kommt man zur steinigen **Bucht von El Remo** (🕮 D 9). Die einst urigen Strandbars wurden durch moderne, höher gelegene Bauten ersetzt – ein schöner Ort zum Sonnenuntergang! Mir gefällt am besten der Kiosco Reme auf Stelzen –hier gibt's immer frischen Fisch (T 628 447 024, Mi–Mo 13–22 Uhr | €–€€).

> ### NÖRDLICH VON PUERTO NAOS
>
> Sofern der Besuch wieder gestattet ist, ist die steinige Badebucht ein toller Ort für den Sonnenuntergang! Für die Anfahrt wählen Sie den Abzweig Richtung Bombilla. Wenn Sie sich an der Gabelung nach 600 m links halten, kommen Sie zur **Playa Bombilla** (🕮 C 8). Die nördlich gelegene Playa Nueva (alias Playa de los Guirres, 🕮 C 8) kann nicht mehr angesteuert werden: Sie wurde beim Vulkanausbruch im Herbst 2021 komplett von Lava überrollt.

In fremden Betten

Riesengroß
Sol La Palma

Eine Ferienanlage am Strand, wie man sie im Süden Teneriffas erwarten mag, nicht aber auf La Palma. Mit fünf Stockwerken und 307 Zimmern ist das Hotel vielleicht eine Spur zu groß geraten, dazu kommen noch 163 Apartments in Nachbargebäuden und viel Animation.
Playa de Puerto Naos, T 922 40 80 00, www.melia.com | €€

Freundlich
Playa Delphin

Ein Rundbau an der Strandpromenade mit 13 Apartments, alle mit Holz- und Korbmöbeln freundlich eingerichtet und mit Blick aufs Meer vom Balkon. Die Rezeption ist nur sporadisch besetzt.

Calle José Guzman Pérez 1, T 922 40 81 94, www.playadelphin.com | €

Günstig
Agentur La Palma Hola S. L.
Am oberen Ortseingang vermittelt Doris Krepke Häuser und Apartments.
Puerto Naos 438, T 922 40 82 20, www.lapalmahola.net

Satt & glücklich

Beste Adresse für Fisch
Playa Chica
Von der Terrasse am Nordende der Bucht genießt man einen wunderbaren Blick aufs Meer. Pedro serviert den in der Kühlvitrine ausgewählten frischen Fisch und neu gelieferte Meeresfrüchte – nach Fleisch fragen Sie hier vergebens.
Paseo Marítimo 4, T 922 40 84 52, Mi–Mo 12–23 Uhr | €

Über den Wellen
La Gofre Place
Im Terrassencafé direkt an der Promenade bekommen Sie ein abwechslungsreiches Frühstück, Waffeln und Crêpes, Fruchtsäfte, Milchshakes und Eis.
Paseo Marítimo 33, T 922 40 81 19, FB: thegofre place, tgl. ab 9.30 Uhr | €

Wenn die Nacht beginnt

In Puerto Naos geht alles seinen ruhigen Gang: Die meisten trinken etwas an der Promenade und schauen zu, wie die Sonne im Meer versinkt. Ab 21 Uhr werden im **Hotel Sol** (Playa de Puerto Naos) Discos und Shows geboten.

Sport & Aktivitäten

Besuch einer Bananen-Finca
Platanológico
Eine lehrreiche und unterhaltsame zweistündige Führung!
Hotel Sol, T 679 99 93 43, www.platanologico.es, Sa 10.30 Uhr, 20 €, Kinder 10–17 J. 10 €, bis 9 J. frei

Rhythm is it! Locker und entspannt am palmengesäumten Strand von Puerto Naos – hoffentlich bald wieder!

Paragliding
Palmaclub
Wer im Drachenflug von hohen Bergflanken hinabgleiten möchte, erkundigt sich am besten im Büro nahe der Promenade nach den aktuellen Angeboten.
Calle Juana Tabares 3, T mobil 672 28 44 31, www.palmaclub.com

Radfahren
Bike Station La Palma
Es werden E- und Mountainbikes verliehen sowie Touren organisiert. Mit Taxi und Kleinbus fährt man in die Berge hinauf, wo die Ausflüge starten.
Av. Cruz Roja 3, T 635 30 45 81, www.bike-station.de, So geschl.

Tauchen
Tauchpartner La Palma
Die Tauchbasis an der Promenade bietet Kurse und geführte Tauchgänge.
Paseo Marítimo 1-A (Ap. Playa Delfín), T 39 922 40 82 53, www.tauchpartner-lapalma.de, So geschl.

LOS LLANOS DE ARIDANE

Sehenswert
1. Plaza Chica
2. Parque Gómez Felipe
3. Iglesia de Nuestra Señora de Los Remedios
4. Museo Arqueológico Benahoarita

In fremden Betten
1. Benahoare
2. Edén
3. Flying La Palma
4. Apartamentos Rosheli

Satt & glücklich
1. San Petronio
2. Los Argentinos
3. La Luna
4. La Vitamina
5. El Duende del Fuego
6. El Geco Libero
7. Café Frida

Stöbern & entdecken
1. Mercado (Markthalle)
2. Mercadillo
3. La Sorpresa
4. Nueva Vida
5. Blü & Papaya
6. Valleverde
7. Gal. Garcia de Diego
8. El Orfebre

Sport & Aktivitäten
1. Magic Bike La Palma
2. Mountain Ride
3. Casa del Buceo (Duikhuis La Palma)
4. Caldera de Taburiente

Wandern

Isla Bonita Tours
An mehreren Tagen der Woche starten Bergtouren am Hotel Sol La Palma (► S. 48).
www.islabonitatours.com/de

INFOS UND TERMINE

Oficina de Turismo: Aparcamientos s/n, T 922 40 25 83, www.visitlapalma.es, Mo–Fr 9.30–14, 16–19, Sa/So 9.30–15.30 Uhr. Infostelle auf dem Parkplatz am Ortseingang
Bus: Zentrale Haltestelle am Ortseingang; Linie 24 verbindet Puerto Naos mit Los Llanos und Charco Verde.
Taxi: T 628 67 61 10

Los Llanos de Aridane

C 6, Cityplan ► S. 50

Die Stadt liegt inmitten eines weiten, sonnenverwöhnten Tals in unmittelbarer Nähe zur Caldera. Verkehrsreiche palmenbestandene Boulevards und stimmungsvolle Flanierstraßen, trendige Boutiquen und eine lebendige Gastro- und Kulturszene trugen ihr den Titel ›heimliche Hauptstadt‹ ein.

Dank des Bananenbooms ist die Bevölkerungszahl in den letzten Jahrzehnten

unaufhaltsam gestiegen; mit 20 500 Einwohnern und vielen ausländischen Residenten hat Los Llanos die ›echte‹ Hauptstadt Santa Cruz souverän überholt.

WAS TUN IN LOS LLANOS?

Auf den ersten Blick erscheint das Leben in dieser Stadt hektisch und so gar nicht palmerisch. Dieser Eindruck wird korrigiert, sobald man das historische Zentrum erreicht hat. Auf der verkehrsberuhigten **Plaza de España** mit Rathaus, Kirche und Indischen Lorbeerbäumen könnte man Stunden verbringen. Der Platz ist Treffpunkt von Jung und Alt, mehrere Cafés laden zum Verweilen ein. Vor dem Casino sitzen in Korbsesseln zigarrenrauchende Männer und mustern freundlich-skeptisch die vorbeiflanierenden Besucher.

Im Schatten der Kirche führt eine Passage zur romantischen **Plaza Chica** 1, dem ›kleinen Platz‹ (der offizielle Name lautet Plaza de Elías Santos Abreu). Rings um einen alten Steinbrunnen recken sich schlanke Palmen mit Fächerkronen, Bänke laden zur Siesta ein.

Einen Abstecher lohnen aber auch die ostwärts laufenden, mit Pastellfarben aufgehübschten Gassen. Dort entdecken Sie alte Bürgerhäuser, nette Lokale und Geschäfte. Westwärts geht es zur **Markthalle** 1, südwärts über eine Fußgängerstraße in die moderne Geschäftswelt. Gleich jenseits der viel befahrenen Avenida gibt es ein vom Inselkünstler Luis Morera geschaffenes Juwel: Im **Parque Gómez Felipe** 2 halten knallbunte Rieseneidechsen Wache, schmiedeeiserne Blumengirlanden ranken sich in die Höhe und die verschlungen angelegten Wege sind mit floralen Mosaiken ausgelegt (Carretera a Puerto Naos s/n, Eintritt frei).

Auf zur Madonna

Die dreischiffige Kirche **Iglesia de Nuestra Señora de Los Remedios** 3 aus dem 17. Jh. birgt einen goldstrotzenden Hochaltar mit einer von einem Strahlenkranz eingefassten Madonnenfigur, geschaffen von flämi-

›Die Stadt im Museum‹ (La Ciudad en el Museo): Los Llanos darf verschönert werden! Zahlreiche Künstler haben Fassaden mit haushohen Graffiti bemalt. Besonders gut gefielen mir zwei Bilder in der Calle Real: der »Turmbau zu Babel« und »Das alles verschlingende Meer«. Machen Sie sich auf die Suche!

schen Künstlern im Stil der Renaissance. Über dem Altar wölbt sich eine kunstvoll bemalte Holzdecke im Mudéjar-Stil.
Plaza de España s/n, tgl. 9–14, 17–19 Uhr

Besuch bei den Ureinwohnern

Im kreisrunden, dreistöckigen Bau des **Museo Arqueológico Benahoarita** 4 wird man multimedial in die Kultur der Benahoaritas, der Ureinwohner La Palmas, eingeführt. Man sieht die Nachbildung einer Wohn- und Grabeshöhle und erfährt Interessantes über die Bestattungsriten. Archäologische Fundstücke komplettieren die Ausstellung: tönerne Idolfiguren mit betonten Geschlechtsmerkmalen, Ketten und Ohrringe, Werkzeuge, Fell und Skelette (z. Zt. ist wegen Renovierung und Neu-Konzeption nur eine verkleinerte Ausstellung zu sehen).
Calle Las Adelfas 1, Mo–Fr 9–14, 16–19, Sa 9–13.30 Uhr, Eintritt frei

SCHLEMMEN, SHOPPEN, SCHLAFEN

In fremden Betten

Stilvoll unter deutscher Leitung
Benahoare 1
Eine gute Nachricht: Das Hotel gegenüber vom Archäologischen Museum ist der ideale Ort für einen unkomplizierten, komfortablen Aufenthalt. Alle 18 Zimmer sind modern gestylt und haben einen kleinen Balkon mit Blick aufs gegenüberliegende Archäologische Museum, zum reichhaltigen Frühstück trifft man sich im Café Idafe. Ein weiterer Pluspunkt: das herrliche Solarium mit Whirlpool, der ideale Ort für den Sonnenuntergang! Für Ihr Mietauto finden Sie öffentliche Gratisparkplätze nahebei.
Calle Las Adelfas 12, T 922 40 30 13, www.hotel-benahoare.com | €€

Ganz zentral
Edén 2
Das 1969 eröffnete Hotel liegt direkt am Hauptplatz, der Eingang erfolgt über die Calle Ángel, eine kleine Seitenstraße. Viele der 19 Zimmer haben Balkon und Plaza-Blick, gemütlich ist der Salon im ersten Stock, wo sich auch die Rezeption befindet. Noch ein Vorteil: Es gibt eine Dachterrasse mit Liegen (aber keinen Aufzug).
Plaza de España/Calle Ángel 1, T 922 46 06 98 (Rahel), www.lapalmahoteleden.com | €

Ganz zentral
Flying La Palma – Sostenible 3
Große Apartments, sauber und modern, mit bestens ausgestatteter Küche, Bad und Terrasse. Der Gastgeber ist sehr aufmerksam und stets über Whatsapp erreichbar. Etwas schwierig gestaltet sich die Einfahrt mit großem Mietwagen in die Tiefgarage.
Calle Vizconde de Buen Paso 19, T 639 61 80 25, www.flyinglapalma.com | €€–€€€

Rooms with a View
Apartamentos Rosheli 4
Hoch über Los Llanos und ideal für ruhesuchende Gäste liegt diese kleine, terrassiert an den Hang gebaute Anlage. Die acht Apartments, alle mit Aussicht auf die Stadt und das Meer, verfügen über ein bzw. zwei Schlafzimmer, sind mit Holzmöbeln freundlich eingerichtet und werden vom palmerischen Besitzer David und seiner englischen Frau Kelly tipptopp in Schuss gehalten. Die Gäste treffen sich am Pool und am überdachten Grillplatz; der Zugang zum WLAN ist gratis.
Los Pedregales s/n, buchbar über www.la-palma-turismo-rural.de (▶ S. 112 52) | €

Satt & glücklich

Frisch und hausgemacht
San Petronio 1

Authentische italienische Küche auf einem Aussichtsberg hoch über der Stadt mit Blick bis zum Meer. In der offenen Küche werkelt Eliseo, seine Frau María del Mar serviert: Cremesuppen, Patés und Carpaccio sowie köstliche hausgemachte Pasta – die Torten werden zum Aussuchen auf einem kleinen Wagen herangerollt. Man sitzt gemütlich unter dem offenen Dachstuhl oder draußen auf der Terrasse. Anfahrt: Am Kreisverkehr Richtung El Paso in die Calle Eusebio Barreto einbiegen, dann der Ausschilderung folgen.

Camino Pino de Santiago 40, T 922 46 24 03, Di–Sa 13–16, 19–22.30 Uhr | €€

Für alle, die gern Fleisch essen
Los Argentinos 2

Gemütliches Lokal mit mehreren Gasträumen und begrüntem Innenhof, an kalten Abenden wird geheizt. Nach leckeren Empanadas wird das Fleisch serviert – stets in üppigen Portionen! Es kommt aus La Palma, Argentinien und Uruguay, zum Abschluss gibt es süße Desserts.

Calle Fernández Taño 29, T 922 07 83 77, FB: Losargentinosaridane, Mi–Sa 13.30–16, 19–22, So 13.30–16 Uhr | €€

Mit Livemusik
La Luna 3

Lokal in einem alten, schön restaurierten Bürgerhaus aus dem 18. Jh., gemütlich ist der grün bepflanzte Innenhof. Geboten werden Tapas und kleine, auch vegetarische Gerichte, hausgemachter Kuchen, La-Palma-Weine und -Liköre. Dazu gibt es wechselnde Kunstausstellungen, einmal in der Woche, meist Do, auch ein Livekonzert mit Jazz oder World Music. Über das aktuelle Programm informieren Sie sich auf der Website – oder bestellen Sie den Newsletter!

Calle Fernández Taño 26 (Querstraße Calle Luna), T 922 40 19 13, www.lalunalapalma.com, Mo–Sa 12–14.30, 19–2 Uhr | €–€€

Der Name ist Programm
La Vitamina 4

Bezahlte Werbung in Inselzeitschriften hat die in Polen geborene Sabina nicht nötig: Dass Sie hervorragend kocht, spricht sich auch so herum. Alle Salate, Fleisch- und Gemüsegerichte werden frisch zubereitet – es riecht so gut, dass man gleich mehrere Speisen probieren möchte. Viele

Lässige Lebensart und gute Geschäfte – kein Widerspruch in Los Llanos, dem wirtschaftlichen Zentrum der Insel

Bio, Lava und Design – **Einkaufen in Los Llanos de Aridane**

Schmuck aus Lavagestein, legere Mode aus Seide, Baumwolle und Leinen sowie Inseldelikatessen (▶ S. 56), die garantiert frei von Schadstoffen sind – die ›heimliche Hauptstadt‹ zeigt, welche Stärken sie hat. Und die haben viel mit Natur und edlen Materialien zu tun.

In Los Llanos de Aridane leben die Wasser- und Bananenbarone der Insel, aber auch viele wohlhabende ausländische Residenten; hinzu kommt eine große Zahl von Urlaubern, die im Valle de Aridane, im weiteren Umkreis der Stadt, Quartier nehmen. Die zahlungskräftige Kundschaft sorgt für Vielfalt: Der Bogen spannt sich von trendigen, oft von Einwanderern geführten Boutiquen bis hin zu palmerischen Traditionsläden.

Farben machen Leute

Der Bummel startet dort, wo es am schönsten und lebendigsten ist: an der **Plaza de España.** Erst mal ein Kaffee unterm Indischen Lorbeerbaum, und dann kann es losgehen!

Gleich um die Ecke gelangen Sie ins Reich der Farben und Moden. Im **Nueva Vida** 4 sind sämtliche Naturtöne der Erde versammelt: von Perlmuttweiß über Löwenzahngelb bis zu Olivgrün, Blau, Rot und Braun in allen Nuancen. Susanne Schäfer, von Hause aus Psychologin, möchte die Sensibilität für jene Farben schärfen, die die Persönlichkeit besser zur Geltung bringen. Deshalb hat sie auch dicke Musterkataloge, in denen man sich seinen ›Traumstoff‹ aussuchen kann. Denn nicht nur auf die Farbe, auch auf die Textur kommt es an: Fließt ein Stoff oder ist er eher rau, glänzt er oder ist er stumpf, lässt er die Haut durchscheinen oder ist er gemustert? Sämtliche Kleidungsstücke sind aus Naturmaterialien hergestellt, lässig und vielseitig verwendbar.

Mode der Marke Slow Life erwartet Sie auch bei **Blü & Papaya** 5. Der hübsche Laden in ei-

Der Berg ruft: Auf einer Wanderinsel darf ein Outdoor-Laden nicht fehlen. Bei **Valleverde** 6 finden Aktivurlauber alles, was sie für ihre nächste Gipfeltour brauchen: Wanderschuhe, Trekking-Stöcke; atmungsaktive Hemden, Shirts und Jacken, ein großes Angebot an kuschelweichen Fleece-Sweatern, Kindertragen zum Leihen, Rucksäcke, Schlafsäcke, Zelte u. v. m. Silvia Heckel gibt zudem Tipps zur Organisation von Wandertouren.

Retro-Deko in der Calle Real

nem historischen Haus setzt auf Naturmaterialien und -muster, bunte Farben und Accessoires. Nicht umsonst nennt er sich »Tropical Vibes Clothing Store«! Bevorzugt wird Mode kanarischer Designer angeboten, darunter auch Stücke von Palmeras und Palmeros, die auf der alljährlichen insularen Modemesse (www.islabonitamoda.es) für Furore sorgten.

Kunstschau

Die bunte Schau lässt sich – nun auf künstlerischem Terrain – fortsetzen. Ein paar Schritte aufwärts öffnet die **Galería Garcia de Diego** 7 ihre Türen. Schön ist die traditionelle Architektur mit begrünten Patios, noch eindrucksvoller die ausgestellte Kunst. Auch wenn die präsentierten Gemälde und Skulpturen als Souvenir vielleicht zu groß (und teuer) sind, lohnt der Blick allemal. Vielleicht finden Sie eine günstige Grafik …

Geschmeidiges

Im Atelier für Gold- und Platinschmuck **El Orfebre** 8 werden elegante, formstrenge Hand- und Ohrringe, Colliers und Armbänder hergestellt – auf Wunsch nach Maß.

INFOS/ÖFFNUNGSZEITEN

Die Geschäfte sind zu den inselüblichen Zeiten geöffnet, also Mo–Fr 10–13 (oder 14) und 17–19 (oder 20), Sa 10–13 (oder 14) Uhr.

Nueva Vida 4: Calle Real 15-A, www.lapalma-mode.com

Blü & Papaya 5: Calle Real 23, www.bluandpapaya.com

Valleverde 6: Calle del Medio 22, www.valleverde-lapalma.com

Galería Garcia de Diego 7: Calle Real 48, www.galeriagarciadediego.com

El Orfebre 8: Calle del Medio 10

Die EU hat dem palmerischen Ziegenkäse herausragende Qualität bescheinigt und ihm die höchstmögliche Auszeichnung verliehen *(denominación de origen protegida queso palmero).* Er entstammt der Milch einer autochthonen, langhaarigen Ziegenart, die sich ausschließlich von Wildkräutern, Wolfsmilchgewächsen und Ginster ernährt. Ihre Milch wird mit natürlichem Lab zum Gerinnen gebracht, anschließend abgeseiht und gepresst.
Sie haben die Wahl: Junger Käse, *tierno* genannt (7–20 Tage Reife), zergeht auf der Zunge und schmeckt fruchtig-säuerlich. Beim halbreifen *semicurado* (20–45 Tage) kommen leicht bittere Töne auf. Ein reifer *curado* (45–100 Tage) hinterlässt einen kräftigen Nachgeschmack. Dann gibt es noch den alten *(viejo)* und den uralten *(añejo)* Palmero (bis 270 Tage oder mehr). Beide haben einen intensiv pikanten Geschmack und sind so trocken, dass sie sich zerbröckeln lassen. Unvergesslich ist der Räucherkäse *(ahumado),* der den Geschmack vom Brennmaterial bewahrt: Mandelschalen, Kiefernnadeln und getrockneten Kaktusblättern.

Gäste begeistern sich auch für die Säfte; besonders beliebt ist der Mix aus Orange, Karotte, Papaya und Mango!
Calle Real 29, T 922 46 31 49, Mo–Fr ab 12 Uhr | €

Gesunde Kost
El Duende del Fuego 5
Pedro nutzt biologische Produkte, die Bauern der Insel sind seine Zulieferer. In seinem hübschen Lokal bekommen Sie gute Tapas und schön dekorierte Gerichte. Oft ist Lammbraten im Angebot, manchmal auch Entenbrust mit geröstetem Kürbis. Vegetarier bestellen gern das Pilzrisotto. Dazu gibt es ökologischen Wein, Saft, Kaffee und Tee.
Plaza Elías Santos Abreu 2 (Plaza Chica), T 922 40 10 02, www.elduendedelfuego.com, Mo 19–23, Di–Sa 14–16, 19–23 Uhr | €€

Auf hohen Hockern
El Geco Libero 6
Beim sympathischen, rustikal eingerichteten ›Italiener‹ gibt es eine große Auswahl an Pizza, Pasta und Salat. Abends kann es voll werden, also besser reservieren!
Calle Aridane 2-A, T 922 46 26 96, tgl. 13–16, 19–23 Uhr | €

Nicht nur für Süßschnäbel
Café Frida 7
Ein Porträt der Malerin Frida Kahlo schmückt die Lounge, regelmäßig werden Arbeiten von Fotokünstlern ausgestellt. Gern kommen Gäste schon zum Frühstück, im weiteren Tagesverlauf gibt es auch Kuchen und selbst hergestelltes Eis –wunderbar z. B. das Pistazieneis!
Calle del Medio 24, T 922 46 51 10, www.frida-lapalma.com, Mo–Fr 10–16, Sa 10–15 Uhr | €

Stöbern & entdecken

Viel Frisches
Mercado 1 **und Mercadillo** 2
Obst und Gemüse, Eingelegtes und Eingemachtes, dazu palmerischen Käse bekommen Sie in der kleinen **Markthalle** *(Mercado)* und auf dem sonntäglichen **Bauernmarkt** *(mercadillo del agricultor).*
Mercado: Juan XIII/Ecke Ramón Pol, Mo–Sa 8–14 Uhr
Mercadillo del Agricultor: Av. Dr. Fleming (Mittelstreifen), So 9–13 Uhr

Palmerische Mitbringsel
La Sorpresa 3
Hübscher Laden mit Seidenschals, T-Shirts und Poloshirts, Bananen- und Aloe-Vera-Produkten, Inselsalz, Ledertaschen, Büchern und Schmuck.
Plaza de España 2, www.lasorpresa-lapalma.com

Entdeckungstrip in den Einkaufsstraßen von Llanos de Aridane

Einkaufstipps 4–8: ▸ S. 54

Sport & Aktivitäten

Radfahren

Magic Bike La Palma 1

Seit vielen Jahren werden hier hochwertige Fahrräder vermietet, es gibt eine Werkstatt und einen Ersatzteilservice. Zwecks Vermeidung starker Anstiege ist Mitfahrt im Tourenshuttle möglich. Buchbar sind auch Tourenpakete inklusive Übernachtung und Frühstück, die gemütliche Pension El Porvenir ist an die Bike-Station angeschlossen.

Calle Fernández Taño 33, T 822 04 94 00, www.magic-bike-lapalma.com, Mo–Sa 18–20 Uhr

Alternative zu Magic Bike

Mountain Ride 2

Velo-Verleih mit Werkstatt, Shuttle-Service und Tourenorganisation. Oberhalb des Ladens befindet sich ein Biker-Hotel.

Calle Sansofé 19, T 922 46 31 45, www.mountain-ride.com

Tauchen

Casa de Buceo 3

Nanneke und Joost organisieren in ihrem »Duikhuis La Palma« Schnuppertauchen, PADI-Kurse und Schnorchelausflüge.

Calle Conrado Hernández 4-B, T 922 46 48 86 und 663 32 65 20, www.duiken-la-palma.com

Wandern

Caldera de Taburiente 4

Los Llanos ist der ideale Ausgangspunkt für Touren in der Caldera de Taburiente (▸ S. 96).

INFOS

Oficina de Turismo: Av. Dr. Fleming s/n, T 922 40 25 83, www.visitlapalma.es, Mo–Fr 9.30–14, 16–19, Sa/So 9.30–15.30 Uhr. Neben der Turmuhr im Untergeschoss der Promenade bekommen Sie Hinweise auf aktuelle Parkvorschriften und Veranstaltungen sowie Bus- und Stadtpläne.
Bus: Der Busbahnhof liegt westlich des Stadtzentrums nahe der Markthalle. Linie 8 fährt nach El Paso, Linie 300 via El Paso nach Santa Cruz, Linie 24 nach Puerto Naos, Linie5 nach Las Manchas, Linie 210 nach Fuencaliente, die Linien 27 und 29 nach Tazacorte bzw. Puerto de Tazacorte, Linie 110 nach Puntagorda (von dort mit Linie 120 nach Barlovento).
Taxi: T 922 46 27 40

TERMINE

Karneval: Febr./März. Wahrend der Fiesta de Carnaval gibt es die Wahl einer Königin, große Partys und die ›Beerdigung der Sardine‹.
Fiesta Virgen de los Remedios: 2. Juli. Alle zwei Jahre (ungerade Zahl) wird Mariahilf mit Musik, Tanz und Theater geehrt.
Nuestra Señora de las Angustias: 15. Aug. Mariä Himmelfahrt mit feierlicher Prozession

Argual Abajo C 6

Gäbe es den sonntäglichen Flohmarkt nicht, würden viele an Argual Abajo achtlos vorbeifahren. Doch auch werktags lohnt ein kurzer Stopp. Die Plaza bildet die ideale Kulisse für Kolonialfilme.

Aus Farbpigmenten und geschmolzenem Sand entstehen bei über 1000 °C herrliche Glasobjekte. Im Bananenhain dürfen sie abkühlen und dabei hart werden. Zu haben sind die Vasen und Schalen bei Artefuego in Argual Abajo (▸ S. 58).

Rund um den ungepflasterten Platz (an der LP-2, 2 km westlich von Los Llanos an der Straße nach Tazacorte) stehen teils restaurierte, teils verwitterte Häuser von Konquistadoren und Kaufleuten aus dem 16. Jh. Schön sind vor allem das **Haus der Monteverde** (Nr. 6) und die ehemalige **Hacienda** (Nr. 4), die **Casa Massieu** (Nr. 31) und der **Palast der Morrina** (Nr. 35).
In einer Ecke des Platzes entdecken Sie **Artefuego,** wo die ›Kunst des Feuers‹ zelebriert wird. Dominik Kessler und Władysław Góźdź laden zu öffentlichen Vorführungen am Ofen ein: Wenn sie ins heiße Element blasen, entsteht zunächst ein bunter Riesenkaugummi, der sich bei näherem Hinsehen als glühendes Glas entpuppt. Zu ihrem Schaffen lassen sich die beiden durch Naturelemente der Vulkaninsel inspirieren – besonders schön sind die Gläser mit eingeschmolzenem Lavagestein (Llano de Argual 29, www.artefuego.com, mit Vorführungen So 10–14 Uhr).

Stilvoll und kreativ

El Rincón de Moraga
Im historischen Ambiente von El Argual genießen Sie modern-palmerische Kost und ein umfassendes Angebot an Weinen.
Llano San Pedro 4 (Plaza Sotomayor), T 922 46 45 64, www.rincondemoraga.com, Mi–So 19–23 Uhr | €€€

Trödeln

Jeden Sonntag können Sie auf dem **Rastro** (Flohmarkt) in Argual Abajo herumstöbern. Auf dem weitläufigen Platz stellt unter Eukalyptus- und Lorbeerbäumen ein internationales Völkchen von Aussteigern, Alt- und Neu-Hippies seine Waren aus. Aber auch die Palmeros von Jung bis Alt verkaufen hier alles, was nicht niet- und nagelfest ist, Altes und Neues und viel Kunsthandwerk.
Llano de Argual (Argual Abajo), So 9–14 Uhr

Tazacorte C 7

Mit romantischen Plätzen und verwinkelten Gassen strahlt die Altstadt von Tazacorte südländisches Flair aus. Auch ein beliebter Urlaubsort – zum Strand ist es nicht weit.

Hauptstraße des terrassenförmig angelegten Städtchens ist die Avenida de la Constitución, die sich in weitem Bogen durch Tazacorte spannt. Während sich das Gros der Häuser oberhalb der Avenida am Hang stapelt, erstreckt sich bis zur Küste ein Meer von Bananenstauden – mittendrin ein paar schöne historische Haciendas.

Oberhalb der Avenida

Der erste Weg führt zur der von Bougainvilleen umrankten **Plaza de España,** auf der sich gern die Palmeros auf einen Plausch treffen. Neben einem hübschen Laubengang ragt die **Iglesia de San Miguel Arcángel** auf, errichtet auf einer ersten, 1492 erbauten Kapelle. Benannt ist sie nach dem Inselpatron, dem Hl. Erzengel Michael, an dessen Namenstag die Konquista der Insel begann.

Unterhalb der Avenida

Aus dem Bananenmeer lugen stattliche Häuser hervor: Sie gehören zum **Barrio El Charco,** jenem historischen Viertel, in dem einst die begüterten Großgrundbesitzer lebten. Eine ihrer prächtigen Residenzen, die **Casa Massieu,** mit einem schönen Garten, wurde in eine Galerie verwandelt (Calle Pérez Galdos 9, unregelmäßig geöffnet, Eintritt frei). Etwas tiefer kommen Sie – vorbei am Hotel Hacienda de Abajo, dem ›unteren Landgut‹, zum **Museo del Plátano,** La Palmas Bananenmuseum. Das ockerfarbene Haus inmitten von Bananenstauden erzählt die Geschichte der für die Insel so wichtigen Frucht (Calle Miguel Unamuno s/n, meist Mo–Fr 10–13, 16–18, Sa 10–13 Uhr, Eintritt 2 €).

Unterhalb der **Casa Massieu** in Tazacorte verlängert sich die Calle Miguel Unamuno in eine Betonpiste, die am Rand von Bananenplantagen zu einer dramatischen Abbruchkante führt. Dort genießen Sie vom gepflasterten **Camino del Litoral** eine prächtige Aussicht aufs Meer!

Kleines Paradies
La Hacienda de Abajo

Ein auf den Kanaren einzigartiges Hotel inmitten von Bananenplantagen: Nachfahren kanarischer Adelsfamilien haben das ehemalige Gutshaus um Anbauten in historisierendem Stil erweitert und alle Räume, auch die Kapelle, das Badehaus und die 32 Hotelzimmer mit hochkarätigen Kunstwerken geschmückt – insgesamt mehr als 1000 Gemälde und Skulpturen! Dazu gibt es einen Botanischen Garten mit Exoten von allen Kontinenten, mittendrin der schöne Pool. Im ganzen Haus herrscht ein sehr freundlicher Ton, für Stärkung sorgt ein edles Restaurant. Kinder sind wegen der vielen zerbrechlichen Objekte nicht zugelassen.
Calle Miguel de Unamuno 11, T 922 40 60 00, www.hotelhaciendadeabajo.com | €€€

Klein, aber fein
Re-Belle

Kolonialstilhaus mit Terrasse an der Kirche – und mit Dennis, einem der besten Köche der Insel. Die Speisekarte (mit je drei fantasievoll zubereiteten Vor- und Hauptspeisen sowie einem Dessert) wird mehrmals pro Woche erneuert.
Plaza de España 1, T 922 48 04 76, www.restaurantrebelle.com, Mo–Fr 18–22 Uhr | €€

Flämische Kunst in der Hacienda de Abajo

Schön zum Sonnenuntergang
Ca'Yeya

Von der Promenadenterrasse blicken Sie über die Bananenplantagen aufs Meer, genießen guten *barraquito* (Kaffee mit Schuss), Aperol Spritz oder Mojito und vorher oder nachher ein paar Tapas. Informell, flotter Service.
Av. de la Constitución 25, Mi–So 13–24 Uhr | €

Wale und Delfine – **Bootstrip ab Puerto de Tazacorte**

In den Gewässern der Kanaren leben viele Wale und Delfine. Haben Sie Glück, sehen Sie einige beim Spiel über den Wellen. Doch auch wenn sich kein Tier blicken lässt, ist der Trip erlebnisreich: Sie lernen La Palmas schroffe Küste kennen, werfen einen Blick in die ›schöne Grotte‹ und nehmen ein Bad am einsamen Strand.

Wale- und Delfinegucken gibt's in den Gewässern von La Palma nur auf die sanfte Art.

Wussten Sie, dass in kanarischen Gewässern 26 Wal- und Delfinarten leben? Kleine Zahnwale und Tümmler, aber auch große Orcas, Blau-, Finn-, Sei- und Pottwale. Eine Kolonie von mehreren Hundert Pilotwalen ist zwischen den Westinseln sesshaft geworden, was angesichts ihres Nomadenlebens auf den Weltmeeren ungewöhnlich ist. Vermutlich liegt es daran, dass nahe den Inseln der Atlantik bis zu einer Tiefe von über 1000 m abfällt und in den Bodenrinnen der Riesenkrake, Lieblingsnahrung der Pilotwale, heimisch ist. Einem Team kanarischer Wissenschaftler gelang es, einen aus dem Meer springenden Pilotwal mit einem Riesenkraken im Maul zu fotografieren. Diese Krakenart mit 10 bis 20 m (!) langen Fangarmen und einem Gewicht von einer Tonne muss für den Wal eine wahre Götterspeise sein, da er selbst doch ›nur‹ drei Tonnen wiegt und maximal eine Länge von 8 m erreicht.

Wie heißt du?

Auf Jagd geht der Pilotwal allein, sonst bewegt er sich in einer Gruppe, die einem Leittier, dem ›Piloten‹, folgt. Untereinander verständigen sich die Meeressäuger mittels akustischer Signale: ein Tonrepertoire aus Lauten, die pro Minute Dutzende von Malen wiederholt werden können. Studien ergaben, dass jedes Tier sein eigenes Signal hat, das die Funktion eines Namens erfüllt. Der Name dient der Kommunikation, um im trüben Wasser oder über weite Strecken in Kontakt zu bleiben.

▶ INFOS & LESESTOFF

Wissenswertes zu den Meeressäugern finden Sie online auf den Seiten www.wwf.de, www.wale.info und www.cetacea.de.

Schauen, staunen, schnorcheln

Zwei- bis dreimal täglich, ruhige See vorausgesetzt, starten mehrere Ausflugsboote vom **Puerto** 1. Laut Gesetz darf sich das Boot den Meeressäugern nur bis auf max. 60 m nähern und keine akustischen Signale verwenden, da diese die geräuschempfindlichen Tiere irritieren könnten. Eine Garantie, Delfine oder Wale zu sehen, gibt es nicht. Doch auch wenn sich die Tiere nicht blicken lassen, ist die Fahrt, sofern Sie seefest sind, ein Vergnügen. Dann wird die ›Wal-Safari‹ kurzerhand zur Küstentour: Zunächst geht es zur **Cueva Bonita** 2, die mit ihrem faszinierenden Farb- und Lichtspiel an Capris Blaue Grotte erinnert. Allerdings nähert sich der Kapitän der Höhle nur bei niedrigem und ruhigem Wasser – größte Vorsicht ist angesagt, seit vor etlichen Jahren mehrere Menschen ertranken, als ein Boot die Höhle bei hohem Wasserstand nicht rechtzeitg verlassen konnte.

Zum Abschluss steht der Besuch eines einsamen Sandstrandes auf dem Programm, meist der **Playa de la Veta** 3, wo es sich schön schnorcheln und baden lässt.

Schnorchel-Hotspot Playa de la Veta

INFOS

Mehrere Boote stehen zur Wahl, z. B. das Glasbodenboot **Fancy II** (T 609 53 13 76, www.fancy2.com/de), **Flipper** mit seinen Wal- und Delfinsafaris, die mit geräusch- und vibrationsarmen Motoren ausgestattete **Inia** und der von der Nordsee überführte, zu »Day and Sunset Trips« eingesetzte Krabbenkutter **Bussard** (alle T 644 16 10 03, www.oceanexplorer.es/reserva). Für Inia und Bussard ist die Anmeldung obligatorisch. Die Fahrten dauern 2–4 Std., die Ticketpreise liegen bei 30–60 €.

KULINARISCHES FÜR ZWISCHENDRIN

An Bord haben Sie die Möglichkeit, Getränke zu kaufen, auf der Bussard werden auch Tapas angeboten.

Faltplan: B 7

Auf seine 3500 Sonnenstunden im Jahr ist Puerto de Tazacorte stolz. Es scheint, als müsse dies mit den bunt hingetupften Ferienhäusern noch unterstrichen werden.

Eisen zu Kuchen

La Ferretería Deco & Art Tea Shop

In einem früheren Eisenwarenladen *(ferretería)* serviert man hausgemachten Kuchen und guten italienischen Kaffee.

Calle Pérez Díaz 2, T 922 48 00 28, FB: laferreteriadetazacorte, z. Zt. nur Fr–So 9.30–13.30 Uhr | €

Vulkanschmuck

Volcán Verde

In Frank Hofmeisters Laden-Werkstatt oberhalb der Ortskirche wird Lava in Gold und Silber gefasst: hochwertig-edle, handgefertigte Anhänger, außerdem Ohrenschmuck und Armreifen, Ketten und Ringe.

Calle Ángel 4, T 922 48 09 43, www.volcan-verde.com, Mo–Sa 10–14 Uhr

Infos und Termine

Oficina de Turismo: Calle Isidro Guadalupe/Ecke Fernández de la Guerra, T 652 67 96 70, www.visittazacorte.com, Mo 16–18, Di–Fr 10–13.30, 16–18, Sa 10–13 Uhr. Info-Häuschen oberhalb des Kirchplatzes mit Kunsthandwerk-Shop.
Bus: Linie 29 hält an der Hauptstraße und verbindet den Ort mit Los Llanos de Aridane und Puerto de Tazacorte.
Taxi: T 922 48 04 10
Fiesta de San Miguel: 29. Sept. Das Patronatsfest wird rund um die Kirche gefeiert und erreicht seinen Höhepunkt mit dem ›Pferdetanz‹. Nachts steigt ein großes Feuerwerk.

Puerto de Tazacorte B 7

Der ›Hafen von Tazacorte‹ hat einen der besten Inselstrände und gute Fischlokale, außerdem starten von hier Boote zu Ausflügen aufs Meer – kurzum: Kein Urlauber kommt an ihm vorbei!

Puerto de Tazacorte liegt just dort, wo sich der Barranco de Las Angustias, die ›Schlucht der Ängste‹, zum Meer hin öffnet. Zwischen hohen Steilwänden spannt sich eine mit schwarzem Lavasand aufgeschüttete, durch Wellenbrecher geschützte Badebucht. Dahinter stehen Häuser, die durch mediterrane Farben aufgehübscht wurden. Die Gassen sind mit Kopfstein gepflastert und überall sind Blumen gepflanzt – ein guter Ort, um einen Badetag zu verbringen und frischen Fisch zu essen! Ein paar Gehminuten entfernt befindet sich der durch eine Riesenmole geschützte Hafen mit einer Flotille von Fischer- und Ausflugsbooten.

Ein Geschenk für die Schmerzensmadonna

In Puerto de Tazacorte betraten am 29. September 1492 die spanischen Truppen zum ersten Mal palmerischen Boden. Von hier zogen sie durch die ›Schlucht der Ängste‹ in die Caldera-Festung, in der sich die Ureinwohner verschanzt hatten. Als Dank für ihren Sieg über die ›Wilden‹ stifteten sie der Schmerzensmadonna eine schöne Kirche, **Santuario de Las Angustias**, 1,6 km von der Küste entfernt. Sie erhebt sich auf einem großen Festplatz über dem Barranco-Grund. Der Hochaltar mit ausdrucksstarken Heiligenskulpturen wurde im 16. Jh. von flämischen Künstlern geschaffen. Werfen Sie auch einen Blick auf die kunstvolle Kassettendecke aus Holz! An die ›Märtyrer von Tazacorte‹ wird links vom Altarraum erinnert: 1570 stachen 40 Missionare von La Palma Richtung Amerika in See, wo sie die Ureinwohner zum wahren, d. h. christlichen Glauben bekehren wollten. Weit sind sie nicht gekommen. Kurz nachdem sie La Palma verlassen hatten, wurde das Schiff von Piraten gekapert und sie selbst getötet.

LP-120 (Barranco de las Angustias), tgl. 9–18 Uhr

Ganzes Haus

www.tazacorte.org

Über diese Website buchen Sie Apartments, Bungalows und Fincas rund um Tazacorte ab 70 €.

In der ehemaligen Hafenkapelle

La Taberna del Puerto

Die ›Taverne‹ ist ein toller Ort für den Sonnenuntergang: mit Holztischen auf der Promenade, La-Palma-Wein und mediterran inspirierter Küche. Alles, was frisch ist, wird auf einer Tafel angeschrieben.

Plaza Castilla 1, T 922 40 61 18, tgl. 12–22 Uhr, www.lapalma-restaurant.info | €€

Der Klassiker

Playa Mont

Hier sitzen Sie in Holzkajüten oder unter sich sanft wiegenden Kokospalmen auf der Terrasse und genießen die Vielfalt des Meeres. Langusten nach Vorbestellung.

Av. del Emigrante s/n, T 922 48 04 43, www.playamont.com, tgl. außer Mi 13–23 Uhr €€

Angenehm locker

Kiosko Teneguía

Fisch und Meeresfrüchte gibt es hier frisch und reichlich, dazu ein toller Blick aufs Meer.

Paseo Marítimo s/n, T 922 40 61 36, tgl. außer Di 12–23 Uhr | €€

Kunsthandwerk & Mode

Im Ortskern entdecken Sie kleine Läden mit Lavaschmuck (Arte Lava), Schuhen und Ledertaschen (Indigo).

Sind Sie fit? Rechts vom Kiosko Teneguía führt der rote Weg GR 130/131 den Steilhang zum **Mirador El Time** hinauf (Länge 3 km, 1.30 Std., Höhenunterschied 550 m, ▸ auch S. 67). Für die schweißtreibende Mühe werden Sie mit einem wunderbaren Blick aufs Aridane-Tal belohnt. Wollen Sie Ihre Knie schonen, laufen Sie nicht auf demselben Weg zurück, sondern warten oben auf Bus 110!

Bootsausflug

▸ S. 60

Infos und Termine

Bus: Die Linien 27 und 29 verbinden Puerto de Tazacorte mit Los Llanos de Aridane (L. 29 via Tazacorte).

Taxi: T 922 48 09 66

Fiesta del Carmen: 16. Juli. Die Schutzheilige der Fischer wird mit einer Bootsprozession geehrt.

Der Nordwesten

Steile Klippen und meist heftige Brandung: Die Küste in La Palmas Nordwesten ist nichts für Bade-Fans, sondern eher etwas für Freunde grandioser Naturschauspiele. Machen Sie es den vier Frauen nach, packen Sie einen Picknickkorb und fühlen Sie sich frei wie ein Seevogel! Auch das Hinterland ist wild: tiefe Schluchten, wohin man schaut, zerklüftete, mit Mandelbäumen gesprenkelte Hänge und viel Wald.

La Punta und El Jesús B 5/6

Der tief eingeschnittene Barranco de las Angustias markiert eine geografische Grenze: Nördlich von ihm tauchen Sie ein ins ländliche, angenehm ›zurückgebliebene‹ La Palma – mit Natursteinhäusern inmitten von Blumengärten und wild wuchernder Vegetation.

Vorbei am **Mirador El Time** (▸ S. 63) kommen Sie zum Weiler La Punta (›das Kap‹), eine sonnenbeschienene Streusiedlung mit Kapelle, Einkaufsladen, Bars und deutscher Vollkornbäckerin. Ein beliebtes Lokal mit Bier aus der hauseigenen Brauerei befindet sich im Nachbardorf El Jesús.

SCHLEMMEN, SHOPPEN, SCHLAFEN

In fremden Betten

Weitblick aufs Meer
Casa Nuria
Modern-rustikal eingerichtetes, großzügiges Natursteinhaus mit wildem Garten und herrlichem Ausblick. Von der LP-1 geht es nahe der Kirche die Calle Recta del Casino hinauf, an der Erdpiste hält man sich rechts.
Camino La Barbilla 4-B, El Jesús, T 922 46 04 82, www.casanuria.com, auch buchbar über www.la-palma-turismo-rural.de (▸ S. 112) | €

Gemütlich
Casa El Topo
Das 40 m² große Haus thront über Tijarafe inmitten von Orangen-, Mandel- und Feigenbäumen. Abends wärmen Sie sich am Kamin, im Sommer nimmt Gabriel seine Gäste gern auf eine Segelpartie mit!
Aguatavar s/n, El Jesús, buchbar über www.la-palma-turismo-rural.de (▸ S. 112) | €

Idyllisch
Casa La Esquinita
Inmitten eines subtropischen Gartens steht dieses kompakte Natursteinhaus mit zwei Schlafzimmern, gemütlicher Wohnküche und Terrasse. Die Gäste dürfen sich im Garten bedienen, die freundliche Besitzerin Carmen bringt Obst und Gemüse vorbei. Zum Dorfplatz mit Laden und Lokal haben Sie es nicht weit, knapp darüber befindet sich die Hauptstraße mit der Bushaltestelle.
Calle El Correo 4, La Punta, buchbar über www.la-palma-turismo-rural.de (▸ S. 112) | €

Satt & glücklich

Insel aus der Vogelperspektive
Mirador El Time
Von der Aussichtsterrasse des Cafés blicken Sie über das Aridane-Tal auf die halbe Insel, genießen frisch gepressten Obstsaft oder lassen sich vom freundlichen Juan Carlos zu Kaffee und feinem Kuchen verführen (▸ auch S. 63).
LP-1, T 922 48 90 83, tgl. 8 Uhr bis Sonnenuntergang

Frisch aus Sauerteig
Gockelbrot
Fahren Sie vom Mirador El Time in Richtung Tijarafe, weist Ihnen ein Schild nach 1,5 km den Weg zu Marions Bäckerladen unterhalb der Straße. Seit vielen Jahren verkauft sie Sauerteigbrot und einiges mehr.
La Punta 9, T 922 49 03 72, www.gockelbrot.de, tgl. ab 8 Uhr

Tapas und Bier aus eigener Brauerei
Cervecería Isla Verde
Bei Jolanta und Gino, einem polnisch-belgischen Paar, bekommen Sie toll gewürzte Tapas und frische landestypische Kost, dazu Bier aus La Palmas erster hauseigener Brauerei (Marke Isla Verde). Mir gefällt vor allem das dunkle Bier (Danza del Diablo). Noch ein Tipp: Sehr gut schmecken auch die *gofres*, Waffeln mit Eis, Früchten und Sahne.
Plaza El Jesús 41, T 691 44 51 54, www.cervezaislaverde.com, Do–Mo 13–21 Uhr

Sport & Aktivitäten

Wandern

Beim **Mirador El Time** startet der rot markierte Weg GR-130, der hinab nach Puerto de Tazacorte und hinauf zum höchsten Inselgipfel, dem **Roque de Los Muchachos,** führt (s. Tipp bei Puerto de Tazacorte ► S. 63).

Tijarafe B 5

Die Häuser und Höfe von Tijarafe liegen verstreut am Hang. Eine alternativ-bunte Szene hat sich hier und in den Nachbarweilern angesiedelt: Sie singt ein Loblied auf Bioanbau, Kräuter und Naturkosmetik, fertigt Keramik nach dem Vorbild der Ureinwohner und legere Mode aus Naturstoffen.

Das Leben der Bewohner spielt sich vorwiegend entlang der Hauptstraße ab – mit Supermarkt, Bioladen und Bars. Sehenswert ist die weiter oben gelegene kopfsteingepflasterte Plaza mit weiß getünchter Kirche und Brunnen. Hier wie im gesamten Nordwesten ist sanfter Tourismus angesagt. Buchen Sie eines der restaurierten Bauernhäuser, leben Sie in idyllischer Natur, und Sie können hier zu ausgedehnten Wanderungen aufbrechen. Mit dem Mietwagen erreichen Sie die Strände des Westens in ca. 20 Min.

Teufel los im Lehrerhaus

Casa del Maestro/La Venta: Das ehemalige ›Haus des Lehrers‹ wird als Ethnografisches Museum genutzt. Zu sehen sind historische Bilder von Tijarafe und Keramikwaren, am originellsten sind die Masken und Fotos vom spektakulären ›Teufelsfest‹.

Calle Real 11/8, T 922 49 00 72, mit Touristeninfo, www.visit.tijarafe.com, Mo–Sa 9.30–15.30, So 10–14 Uhr, Eintritt frei

Piraten- und Schmugglerbucht

Am Nordende des Ortes führt die steile Calle Molina abwärts. Sie geht in eine Betonpiste über, die sich in unendlich vielen Haarnadelkurven hinabschraubt. Das letzte Stück geht man zu Fuß: Ein steingepflasterter Weg senkt sich zur Bucht **Porís de Candelaria** hinab. Unter einem gigantischen Felsüberhang drängen sich

Der Stoff, aus dem die Legenden sind: Wo Häuser und Fels verschmelzen, sollen einst Piraten und Schmuggler ihr Unwesen getrieben haben. Heute sind die Fischerhütten von Porís de Candelaria leider vom Abriss bedroht.

(vom Abriss bedrohte) Fischerhütten, zwischen engen Lavaarmen brandet das Wasser in die Bucht. Glatte Felsen laden zum Sonnenbad ein, doch Schwimmen ist nur bei sehr ruhiger See möglich.

SCHLEMMEN, SHOPPEN, SCHLAFEN

In fremden Betten

Tief unten das Meer

Casita Ariadne

Ideal für zwei Personen: ein gemütliches kleines Landhaus am nördlichen Ortsrand, umgeben von Orangenbäumen und Palmen. Sie werden großzügig betreut, die Wohnküche ist perfekt ausgestattet.

LP-1, km 85, buchbar über www.la-palma-turismo-rural.de (▸ S. 112) | €

Satt & glücklich

Tolles Küstenpanorama

La Muralla

Das moderne Restaurant nördlich von Tijarafe schwebt über dem Abgrund und ist abends, wenn vom Balkon der Sonnenuntergang beobachtet werden kann, am schönsten. Das Interieur ist hell und klar, die Küche international mit Schwerpunkt Fleisch. Es gibt Filet in dreipfeffriger Soße (schwarz, rot und grün), Hühnchenroulade gefüllt mit Schinken, Paprika und Zwiebeln, an ausgewählten Tagen auch Wachteln. Bei Kanariern hoch im Kurs

Wollen Sie mehr über das Teufelsfest in Tijarafe erfahren? Dann sei Ihnen ein Roman von Harald Braem empfohlen: »Der Vulkanteufel«, erschienen im Zech Verlag, der seinen Sitz auf Teneriffa und sich auf kanarische Themen spezialisiert hat.

In diese mannshohe teuflische Ritterrüstung schlüpft ein Wagemutiger während der Fiesta del Diablo.

steht El Nido: ein Mix aus Pommes Frites, Pilzen, Gemüse und Asia-Soße. Abgerundet wird die Karte durch Veggie-Gerichte und hausgemachte Desserts, originell ist das Feigeneis.

Carretera General, Aguatavar, T 05 T 922 69 53 71, https://restaurantelamuralla.eu/de, Mo/Di, Do 13.30–22, Fr/Sa 13–22.30, So 12–18 Uhr | €€

Kultiger Kiosk

El Diablo

In Pacos ›Teufelskiosk‹ sollten Sie mal anhalten – hier herrscht stets gute Stimmung, nicht zuletzt dank eines weißen Kakadus, der gern mit den Gästen Kontakt aufnimmt. Frieren müssen Sie hier nicht: Weht ein kühler Wind, werden Decken ausgeteilt. Es gibt kleine Gerichte und Tapas, auf Wunsch auch frisch gepressten Orangensaft. Der Kiosk ist schwer zu übersehen, liegt direkt an der Straße in einer Kurve der LP-1 mit Bushaltestelle.

Carretera General s/n, T 649 53 14 07, Mo–Sa 12–23 Uhr | €

Stöbern & entdecken

Naturkost

Vida Sana

Bei Lisa bekommen Sie Obst und Gemüse aus der Umgebung, frisches

Brot, gluten- und laktosefreie Produkte, Honig aus Garafía, lokalen Biowein und Naturkosmetik, dazu auf der Insel hergestellte Lederwaren, Seidentücher, Schuhe und Schmuck.
Carretera General 5, Sa/So geschl.

TERMIN

Fiesta del Diablo: 7./8. Sept. In der Nacht tanzt ein als Teufel verkleideter Dorfbewohner durch die Menge und lässt zum Schaudern aller Anwesenden die an seiner Kleidung befestigten Feuerwerkskörper explodieren.

Puntagorda B 3

In dem idyllischen, aus mehreren Weilern zusammengefügten Bauerndorf geht das Leben noch seinen ruhigen Gang, wird bestimmt von Ernten und dem Wechsel der Jahreszeiten. Die Gegend ringsum ist hügelig und lieblich-grün, tief eingeschnittene Barrancos grenzen Puntagorda von den Nachbargemeinden ab.

El Pino

Das Zentrum Puntagordas, erreichbar von der LP-1 über die Avenida de la Constitución, ist nach der großen Kanarischen Kiefer im Ortskern benannt. Nur wenige Schritte entfernt, in der Calle Pino de la Luz, befindet sich ein volkstümlich-palmerisches Restaurant gleichen Namens. Ein Stück weiter genießt man vom **Mirador de Miraflores** einen schönen Ausblick. Biegt man zuvor rechts in die Pista del Cementerio ein, gelangt man nach gut 2 km zur restaurierten **Vieja Iglesia de San Mauro Abad** aus dem 16. Jh. Von hier kann man noch mehrere Kilometer in Richtung Küste hinabfahren. Die Straße endet 200 m über dem Meer; über viele Treppenstufen geht es hinab zur kleinen Felsbadestelle *puerto*, an der man bei ruhiger See (nur im Sommer!) baden kann.

Das wunderbar windschiefe Exemplar eines Drachenbaums *(drago)* erblicken Sie im Ortsteil El Roque, schon auf dem Weg nach Tijarafe. Die Palmeros verkünden stolz, dies sei einer der ältesten der Insel. Ein zweiter Drago, der ihm zur Seite stand, wurde bei einem Unwetter entwurzelt. Vom **Mirador de los Dragos** haben Sie einen tollen Ausblick!

El Pinar

Auch in El Pinar, dem nördlich angrenzenden Weiler, haben sich viele Mitteleuropäer niedergelassen, ihr Bevölkerungsanteil wird auf 20 % geschätzt. Meiden Sie die wenig attraktive Ortsstraße, nehmen Sie lieber die von ihr abzweigenden Gassen. Dort kann man Urlaub in schönen Ferienhäusern machen, z. B. bei der Schweizerin Elisabeth Elmer. Sie finden hier auch den Bio-Laden La Calabaza, nordostwärts geht es zum Wochenendmarkt von **El Fayal.**

SCHLEMMEN, SHOPPEN, SCHLAFEN

In fremden Betten

Mit allem Drum und Dran
Casas Elmer
An Wintertagen weiß man in Schweizer Wertarbeit erbaute Häuser zu schätzen: Elisabeth Elmer und Brigitte Naef vermieten mehrere von kanarischer Architektur inspirierte Casas, allesamt in Hanglage mit herrlichem Meerblick und in grüner Umgebung. Am komfortabelsten ist die Casa Naranjo mit Bodenheizung, perfekt ausgestatteter Küche und Designergeschirr sowie Terrasse mit Teakholzmöbeln.
Camino del Hondito 11, El Pinar, T 922 49 33 83 u. 696 46 52 95, Brigitte T 727 72 13 10, www.lapalmaferien.com | €–€€

Satt & glücklich

Besser als in Italien
Smile Pizzería

Mehr als 20 knusprige und großzügig belegte Pizzen, eine besser als die andere!

Calle Pino de la Virgen 6, El Pinar, T 655 43 25 91, Mo–Fr 18–22 Uhr | €

Schöner Blick zum Sonnenuntergang
Ancora

Umfangreiche Karte mit Nudelgerichten, Kürbisrisotto und Hühnchen, palmerischem Käse und köstlichen Desserts. Aufmerksamer Service.

Carretera General Puntagorda 26, T 922 69 26 93, FB: Ricapastayensaladas, Mi–Sa 13–21/22, So 13–16.30 Uhr | €€

BESTES VOM LAND

Süßes aus Mandeln, Gofio im Leinensäckchen und Ziegenkäse, Obst und Gemüse aus Bioanbau, frische und getrocknete Kräuter, exotische Maracuja-Marmelade, Kaktusfrucht, Papaya und Honig aus Garafía – sämtliche Lebensmittel auf dem **Mercadillo de Puntagorda** stammen ausschließlich von La Palma. Zwischendurch kann man sich mit einem frisch gepressten Zuckerrohrsaft stärken. Deutsche Residenten verkaufen Aquarelle, Seidentücher, Schmuck aus Drachenbaumsamen und Gebrauchskeramik (großer Bauern- und Kunsthandwerksmarkt in einer Halle im Kiefernwald von El Fayal, Camino El Pinar 56-A, Zufahrt auch über LP-1 km 76, Sa 15–19, So 11–15 Uhr).

Rustikaler Dorftreff
Pino de la Virgen

Die Geschwister Antonia und Francisco leiten das Lokal, die Mutter steht in der Küche und kocht kanarische Hausmannskost: Gemüseeintopf, Zicklein- und Kaninchenfleisch. Zum Nachtisch gibt es Kokosnussmakronen *(cristinas)*. Man isst im blumengeschmückten Innenhof oder im rustikalen Kaminraum. Wer danach an der Theke einen hausgemachten Kräuterschnaps *(aguardiente)* bestellt, macht Bekanntschaft mit der Dorfjugend und wettergegerbten Bauern.

Calle Pino de la Virgen 6, El Pino, T 922 49 32 28, tgl. 8–23 Uhr | €

Klein und fein
Jardín de los Naranjos

Zwar kein ›Orangengarten‹ wie der Name verspricht, aber eine gute Adresse für ein angenehmes Mahl. Obst und Gemüse kommen aus dem Garten von Señora Dacil, Fisch und Fleisch von befreundeten Bauern. Zu den Klassikern gehören Gemüse-Couscous, Tigermuscheln und ›eingezwiebeltes Kaninchen‹.

Calle El Pinar 33, T 619 57 11 25, Di–Fr 18–23, Sa/So 13–23 Uhr | €€

Stöbern & entdecken

Bio – bestens sortiert
La Calabaza

Gabi, die Besitzerin des Bio-Ladens, bezieht von ihrer Finca Obst und Gemüse, außerdem können Sie sich hier mit Vollkornbrot, Käse und Wein, Ziegenjoghurt, Honig und Getränken, Ölen und Kosmetik, Veganem und Glutenfreiem versorgen. Oft treffen Sie im Laden auch Silvia an, eine bestens informierte Ernährungsberaterin.

Camino del Pinar 52, El Pinar, www.la-calabaza.de, Mo–Fr 9–14, 17–19, Sa 9–15 Uhr

INFOS UND TERMINE

Bus: Linie 110 fährt nach Los Llanos de Aridane, Linie 120 über Barlovento nach Santa Cruz; Wanderer benutzen auch gern Linie 126 via Briesta nach Tablado.
Taxi: T 922 49 31 78
Fiesta del Almendro en Flor: Ende Jan. Zur Mandelblüte wird ein mehrtägiges Fest gefeiert. *Vino de la tea* fließt in Strömen, man kostet geröstete Mandeln vom Vorjahr und tanzt bis zum Umfallen.

IN DER UMGEBUNG

Las Tricias

In diesem verschlafenen Nest an der LP-114 gab es früher nichts weiter als einen winzigen Tante-Emma-Laden im Schatten der Kirche. Doch dann kamen die Hippies, die bekanntlich ein Gespür für die schönsten Hideaways haben. Sie nahmen in Höhlen an den Hängen unterhalb des Ortes Quartier, im Schatten uralter Drachenbäume und mit Fernblick aufs Meer. Es dauerte nicht lang, da wurde der Geheimtipp bekannter: Wanderer pilgerten zu den Buracas-Höhlen, von denen einige mit Gravuren der Ureinwohner verziert sind. Mit den Wanderern bildete sich eine kleine, sympathische touristische Infrastruktur heraus, die voll im Trend liegt. Die Bistros bieten nur Gesundes, wenn möglich bio (▶ S. 72).

Überraschung

Camu Camu

Ideal für einen Stärkung vor oder nach der Wanderung zu den Buracas-Höhlen. Auf der aussichtsreichen Plaza serviert ein junges Team Smoothies, Salate und Sandwiches – saisonal, regional und frisch! Auch Craft-Biere werden ausgeschenkt.

Diseminado Lomo los Barrero, 26, Las Tricias, Do–Mo 11–22 Uhr | €

El Castillo

Der abgelegene idyllische Weiler in 825 m Höhe lockt von Donnerstag

Wie alt dieser Drago bei Las Tricias ist, verrät er nicht: Ihm fehlen die Jahresringe der ›echten‹ Bäume.

bis Sonntag mit zwei guten Lokalen. Um dort hinzukommen, folgen Sie der LP-114 von Las Tricias 3 km gen Norden und fahren dann (ausgeschildert) rechts hinauf – das Sträßchen ist schmal und kurvenreich! Oder wählen Sie zur Anfahrt die höher gelegene LP-1 Puntagorda–Hoya Grande, von der es links abgeht.

Und samstags ins Lokal nebenan

Azul

Die hübsche Tasca Azul hat überlebt: ein Restaurant in exponierter Lage mit Panoramaterrasse. Die Speisekarte wird alle zwei Wochen ausgewechselt, auf den Tisch kommt kreative Kost mit und ohne Fleisch, Reservierung ist zu empfehlen.

El Castillo 13, T 922 40 06 60, www.restaurante-azul-lapalma.com, Sa/So 13–22 Uhr | €€

Wandern

Las Tricias: Wanderung im Drachenbaumhain zu Felszeichnungen (▶ S. 72)
Roque de los Muchachos: Besuch der Sternwarte und Wanderung entlang der Caldera (▶ S. 74)

Dragos und altkanarische Höhlen – **Las Tricias**

Schon der Abstieg ist schön: Man möchte rasten im Schatten weit ausladender Drachenbäume, die einen der größten wilden Haine der Kanaren bilden. Am Ziel sind altkanarische Felszeichnungen zu entdecken, ein Aussteiger-Café sorgt für Speis und Trank.

Vor dem Kirchplatz des 300-Seelen-Dorfs **Las Tricias** 1 zeigt ein Schild den Startpunkt an – auf einer Betonpiste geht es hinab. Nach 50 m schwenken wir links in einen Weg ein, der ein trockenes Talbett quert und zu einem Bergrücken ansteigt. Von dort geht es zu einer Wegkreuzung hinab, an der wir den rechten Abzweig wählen. Vorbei an einer historischen Finca erreichen wir die LP-114.

Besser kann der Ort nicht gewählt sein: Wo einst geröstetes Getreide gemahlen wurde, befindet sich heute das Museo del Gofio. Es stellt jenes nährstoffreiche Grundnahrungsmittel vor, dass seit Menschengedenken auf den Inseln geschätzt wird – von den Ureinwohnern bis hin zu den heutigen Kanariern.

Ziegenkäse an atlantischem Blick

Auf der wenig befahrenen Straße geht es in Richtung **Santo Domingo de Garafía** hinab. Die Häuser ringsum sind aus Naturstein erbaut und schon etwas verwittert, liegen verstreut auf grünen Terrassen. Nach 5 Min. verengt sich die Straße. 50 m weiter, an einer markanten Rechtskurve, verlassen wir den Asphalt und folgen dem gepflasterten, geradeaus weisenden GR-130 (Buracas). Eine Minute später halten wir uns links und gehen dann sogleich rechts weiter auf dem breiten R. T. Traviesa. Wir erreichen eine Straße, folgen ihr bergab und verlassen sie nach 40 m auf einem Weg rechts, bevor wir erneut auf Asphalt stoßen. Hinter der nächsten Rechtskurve geht es abermals links ab. (Wir ignorieren hier den rot markierten Rechtsabzweig GR-130 – auf diesem werden wir auf dem Rückweg heraufkommen.) Der breite Weg geleitet uns über den Bergrücken gemächlich zu einer schmalen Straße, in die wir links einschwenken. Wir folgen ihr – vorbei an einer restaurierten **Gofio-Mühle** 2 (Museum) – eine Viertelstunde bergab. Vor einem Wasserspeicher, wo sich die

Straße teilt, halten wir uns halbrechts zu den majestätischen **Drachenbäumen** 3 im Talgrund, dann links und sogleich rechts einschwenkend.

Ein Dach aus Baumkronen

Nachdem wir uns gestärkt haben, folgen wir dem Weg Richtung Santo Domingo in den kleineren Barranco El Corchete und stehen kurz darauf vor einem rötlichen Felshalbrund, den **Cuevas de Buracas** 4 (1 Std.). In weichen Tuff haben die Ureinwohner Spiralen und Kreise geritzt, die als Chiffren für den unendlichen Kreislauf der Natur gedeutet werden. Die **Felsgravuren** entdecken Sie rechts oben an dunklen Basaltsäulen sowie weiter links auf Felspfeilern und versprengten Blöcken.

Von den **Cuevas de Buracas** 4 laufen wir zurück auf den Bergrücken, wo wir links in den rot markierten GR-130 einbiegen. Wir passieren weitere schöne Drachenbäume und lassen einen von links kommenden Weg unbeachtet. Nach ein paar Minuten kreuzt der Weg eine Piste, knapp 100 m weiter eine Straße. Noch einmal genießen wir den Blick auf die **Dragos:** herrliche Exemplare mit einem üppigen Baumdach – an keinem anderen Ort der Kanaren haben sich so viele wilde Exemplare erhalten! Übrigens ist der Drachenbaum kein echter Baum: Sein Inneres besteht aus Schwemmgewebe und er bildet keine Jahresringe aus. Ab der nächsten Straße laufen wir auf dem vom Beginn der Tour bekannten Weg zum **Startpunkt** in Las Tricias zurück.

Der Drago (Drachenbaum) ist mythen- und sagenumwoben wie keine andere kanarische Pflanze. In jeder Astgabelung, so glaubten die Ureinwohner, sei die Seele eines Verstorbenen versteckt. Wie schmale herausgestreckte Zungen blecken die Blätter aus dem Geäst. Ritzt man die Rinde ein, tritt das ›Drachenblut‹ heraus, ein roter, harzähnlicher Saft, der als medizinisches Allheil- und als Desinfektionsmittel diente. Manch eine Stradivari-Geige, heißt es, verdanke ihre lange Lebensdauer der Behandlung mit Drachenblut. So begehrt war das Harz, dass der Baum in freier Natur fast ausgerottet wurde – entnimmt man ihm zu viel ›Blut‹, geht er ein.

INFOS

Las Tricias ist mit **Buslinie 120** erreichbar. Für die Tour ist gutes Schuhwerk nötig, die reine Gehzeit beträgt 3 Std.

KULINARISCHES FÜR ZWISCHENDRIN

Vor oder nach der Tour können Sie im **Camu Camu** 1 in Las Tricias einkehren (► S. 71). Oder Sie haben ein Picknick dabei, unbedingt aber ausreichend Wasser!

Faltplan: B 3

Blick in die Tiefe – **Roque de Los Muchachos**

La Palmas Natur ist spektakulär: In der 2400 m hohen Gipfelregion ist die Luft so rein und klar, dass sie optimale Bedingungen für die Sternbeobachtung bietet. Aber denken Sie daran: Oben ist's kalt – oft 15 bis 20° C kälter als an der Küste!

Viele Wege führen zum **Observatorium** 1: Man kann von Santa Cruz im Osten anreisen, aber auch von Los Llanos de Aridane via Puntagorda im Westen. Die Tour führt durch alle Vegetationsstufen, von den küstennahen Palmen und Bananen über dichten Wald bis zur unwirtlichen, an Wintertagen schneeverwehten Gipfelregion. Nicht selten erlebt man ein Naturschauspiel. Während man unten bei grau verhangenem Himmel startet, ist oben die Luft wolkenlos und es scheint die Sonne. Im flirrenden Licht mag man seinen Augen nicht trauen, denn auf den Hängen des Roque de Los Muchachos sieht man mehr als ein Dutzend metallisch glänzender Kuppeln und Türme, Instrumente zur Beobachtung des Himmels.

Die ersten Sternwarten des Observatoriums entstanden 1985 – ein ehrgeiziges Gemeinschaftsunternehmen von sieben europäischen Staaten.

Das größte Teleskop auf dem Gipfelgelände ist das Grantecan (Gran Telescopio de Canarias), eine 45 m hohe ›Kathedrale der Astronomie‹. Ihr Herzstück ist ein Spiegel von 10,4 m Durchmesser, der aus 36 kleinen, hexagonalen Subspiegeln besteht, die an die Lichtverhältnisse kontinuierlich angepasst werden. Seine optische Leistung, die 4 Mio. menschlicher Pupillen entspricht, ist so präzise, dass selbst ein Teller Suppe auf dem Mond identifiziert werden könnte. Mit seiner Hilfe sollen entfernte Galaxien beobachtet und die Entstehung von Planeten studiert werden.

Sonne, Mond und Sterne

Dass La Palmas Himmel so klar ist, hat seine Gründe: Der Atlantik stabilisiert die Luftmassen und bewirkt, dass keine Schmutzpartikel nach oben dringen. Auch die Passatwolken, die sich wie ein Riegel zwischen Küste und Gipfel schieben, tragen dazu bei, dass auf der ländlichen, lichtarmen Insel keine störenden Strahlen in höhere Schichten gelangen. 1999 wurde ein ›Gesetz gegen Lichtverschmutzung‹ verabschiedet, das dafür sorgt, dass es so bleibt.

»Die Atmosphäre über La Palma ist stabil, homogen und vorhersehbar«, meint Direktor Emilio Cueva, »es gibt nur wenige Inseln auf der Welt, die

Rabenstark: durch mehrere Klimazonen zum höchsten Punkt der Insel

vergleichbar gute Bedingungen bieten – vielleicht nur noch Hawaii.« Schon die Ureinwohner La Palmas haben die himmlischen Vorzüge zu nutzen gewusst. Wo heute Teleskope stehen, fand man einen Kultplatz mit Felszeichnungen. Sie bestätigen, was ein früher Chronist berichtete: »Sie haben ein genaues Gespür für den Jahreskalender, indem sie Sonne, Mond und Sterne beobachten.«

INFOS/ÖFFNUNGSZEITEN

Sternbeobachtung: La Palmas **Observatorium** 1 gehört zum IAC (Instituto de Astrofisica de Canarias, www.iac.es) mit Sitz auf Teneriffa. Die ›Observatory Tour‹ (ab 6 J.) kostet 20 € und ist buchbar über www.adastralapalma.com. Auf der Website finden sich auch Infos zu Astro-Touren, auf denen der Nachthimmel erläutert wird. Es gibt auf der Insel zahlreiche Astro-Beobachtungspunkte (Red de Miradores Astronómicos, www.starsislandlapalma.es/multimedia/mapas).

Besucherzentrum Roque de los Muchachos 2: An der LP-4 westlich des Gipfels wird in einem avantgardistischen Bau multimedial (span./engl.) das Sonnensystem erläutert (tgl. 10–16.30 Uhr, Eintritt 15 €, nur Kreditkarte, Rabatt beim Kauf eines Kombitickets für Caños de Fuego, ► S. 45, und El Tendal, ► S. 85, www.lapalmacentros turisticos.com).

Punto de Información 3: Roque de Los Muchachos, tgl. 10–15 Uhr

KULINARISCHES FÜR ZWISCHENDURCH

Am Roque de los Muchachos gibt es kein Restaurant und auch keinen Kiosk! Proviant nicht vergessen!

Faltplan: D 4

Der Norden und der Nordosten

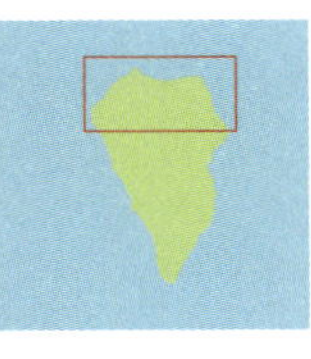

Eine Insel auf der Insel: Der Norden ist so rau und abgelegen, dass hier nur wenige Menschen ausharren. Was für die Bewohner ein Makel ist, erweist sich für Besucher als Segen. So viel urwüchsige Natur finden Sie nirgends sonst auf der Insel! Passatwolken wabern geheimnisvoll durch die Kronen jahrhundertealter Kiefern, nichts ist zu hören als herabfallende Tropfen und der durch die Nadeln rauschende Wind. Ach ja – manchmal ist auch das Tacktack des Kanarenpickers zu vernehmen …

Wer die Einsamkeit sucht, kommt nach Santo Domingo de Garafía. Es ist klein, verträumt und oft wolkenverhangen. Da grünt es sogar zwischen den Pflastersteinen.

Santo Domingo de Garafía B/C 2

Ein verschlafenes Nest inmitten urwüchsiger Natur – das ist Garafía, wie es von den Einheimischen genannt wird. Es liegt im äußersten Nordwesten der Insel auf 350 Meter Höhe, was bedeutet, dass es im Winter oft von Wolken verhüllt ist.

Seine knapp 500 Einwohner leben von Landwirtschaft und Viehzucht. Nichts weist im Ort darauf hin, dass er 1496 von aus Portugal vertriebenen Juden gegründet wurde. Vielmehr ist die große, schmucke Kirche **Iglesia de Nuestra Señora de la Luz** aus dem 16. Jh. der Dorfmittelpunkt. Auf dem benachbarten Platz reihen sich ein paar Bürgerhäuser, Bars und ein Kunsthandwerksladen. Versäumen Sie es nicht, einen Blick in den ein paar Schritte entfernten **Barranco de la Luz** zu werfen – tief eingeschnitten, grün und mit Drachenbäumen gespickt.

Archaische ›Kreuzwegstation‹

An der Straße LP-114 Richtung Las Tricias zweigt nach etwa einem Kilometer rechts eine Asphaltstraße ab, die am Friedhof *(cementerio)* in eine Erdpiste übergeht. Am hinteren Ende der Friedhofsmauer geht rechts ein durch nützliche Steinmännchen markierter Pfad zu den Petroglyphen von **El Calvario** ab: Zwar bedeutet der Name ›Kreuzwegstation‹, doch handelt es sich hier um altkanarische Felsblöcke mit eingeritzten Spiralmustern, die vermutlich als Kultplatz dienten. Auch eine geheimnisvolle Stelle mit gebohrten Augenlöchern und einer Mundöffnung ist zu entdecken, offenbar ein Seelenstein, dessen Öffnungen zum Ein- und Ausfliegen der Seele bestimmt waren.

Etwas außerhalb

Lomo de la Cruz

Hübsches, 50 m² großes Natursteinhaus mit Blick aufs Dorf und das Meer für maximal drei Personen – ideal für Wanderer.

Buchbar über www.la-palma-turismo-rural.de (▸ S. 112) | €

Sympathisch kanarisch
El Bernegal
In einem historischen Haus am Ortsrand (Richtung Las Tricias) wird kanarisch-kreativ gekocht. Lust auf ›eingezwiebelte‹ Rinderfiletspitzen oder Kroketten aus Schimmelkäse und weißer Schokolade?

Calle Díaz y Suárez s/n, T 922 40 04 80, Mi–So 12–17 Uhr | €€

Wandern
Von der Plaza de Baltasar Martín geht es ein paar Schritte nordwärts zum **Barranco de La Luz** und dann rechts, wo links der Straße der rote GR-130 abzweigt. Eine Kurzvariante führt zum Weiler **El Palmar** (hin/zurück 2.30 Std.); Konditionsbolzen können durch den wilden Norden bis **Barlovento** laufen – eine der schönsten Strecken der Insel (10 Std.).

Infos
Bus: Linie 100 fährt nach Puntagorda sowie über Roque del Faro (mit Abstechern nach Franceses und Gallegos) nach Barlovento.
Taxi: T 922 40 01 03

»El pastor garafiano es el mejor perro del mundo« – darin sind sich die Palmeros einig: Der palmerische Hirtenhund, d. h. der aus Garafía, ist der beste der Welt.

In der Umgebung

Eingangstor zum dramatischen Norden
Von Garafía geht es 9 km auf der LP-112, einer kurvenreichen Straße, zum Weiler Llano Negro (🗺 C 2). Dort mündet die LP-112 in die LP-1, auf der es rechts nach **Puntagorda** und zum **Roque de los Muchachos** geht, links zum **Archäologischen Park La Zarza und La Zarcita** (▸ S. 80). In **Llano Negro** können Sie sich in einem **Natursteinhaus** mit sehr guter Touristeninfo (T 922 40 05 07) über Ausflugsziele und Wandermöglichkeiten im Norden informieren. Das feuchte Klima hat dafür gesorgt, dass sich dort die größten Waldbestände La Palmas erhalten haben: jahrhundertealte Kiefern und dichter Lorbeer.

Roque del Faro

🗺 D 2

Ein unwirtlicher Ort: oft wolkenverhangen, kühl und feucht. Auf den Gebirgskämmen gibt es kaum fruchtbares Land, Terrassenanbau ist an den schroffen Felswänden unmöglich. Kein Wunder also, dass fast alle, die hier geboren wurden, ihr Glück in der Fremde suchten. Heute leben nur noch wenige Menschen in Roque del Faro …

Seit dem 16. Jh. standen die Bewohner unter feudalem Joch, die Pachtverträge aus jener Zeit wurden erst vor Kurzem abgeschafft. Nun hoffen die Bewohner auf den Aufschwung durch Ökotourismus – auch in den beiden Klippenweilern **Don Pedro** und **El Tablado**, die über Stichstraßen erreichbar sind. Einige Tagesausflügler verirren sich mittags in die Dorfbar, die zugleich als Tante-Emma-Laden dient – vor allem am Wochenende gibt es hier gutes Fleisch von Kaninchen und Zicklein, dazu *vino de la tea* (www.lagarzalapalma.com, Sa/So 13–19 Uhr | €–€€).

In der Umgebung

1,5 km östlich von Roque del Faro muss man sich entscheiden, ob es unten oder oben weitergehen soll – bei Barlovento fließen beide Straßen wieder zusammen. Folgt man ab Roque Faro der oberen LP-109, wird man von einem ›verzauber-

Im verwunschenen Wald – **La Zarza und La Zarcita**

Die Ureinwohner hatten ein sicheres Gespür für fantastische Orte: Mitten im Zauberwald, in dem es unentwegt von den Zweigen tröpfelt, entdeckten sie zwei Quellen und schufen sich einen Kultort. Sie ritzten geheimnisvolle Zeichen in den Fels – Botschaften, die bis heute nicht enträtselt sind.

Wie es sich für einen magischen Ort gehört, ist er so gut versteckt, dass man ihn nur wandernd erreicht.

Ist das Kunst?

Im **Besucherzentrum** 1 wird Ihnen multimedial erklärt, wer die Ureinwohner waren, woher sie kamen und wie sie auf der Insel lebten. Eine nachgebaute Wohnhöhle, Keramik- und Werkzeugfunde sowie ein kurzer Film (auf Wunsch in deutscher Sprache) verschaffen einen ersten Überblick. Vorgestellt werden auch die Felsbilder: Handelt es sich um Beschwörungsformeln, um die Götter gnädig zu stimmen? Sind es Zeichen einer geheimen Schrift? Simple Wegweiser zur kostbaren Quelle? Oder einfach nur Werke künstlerischer Fantasie, inspiriert von der Schönheit des Ortes?

Kreisrund mit Keil

Schon der Weg zum Originalschauplatz ist spannend: 2,5 km schlängelt er sich ins Dickicht der mannshohen Farne, bemoosten Bäume und schwarzen Felsen. Richtungsschilder führen zunächst nach **La Zarza** 2 (›Dornbusch‹), wo im Schutz eines Felsüberhangs zahlreiche Bildtafeln zu erkennen sind: Kreise und Mäander, Spiralen und Schlangenlinien in bewundernswerter Vielfalt und Zahl; am schönsten sind die Labyrinthe an der Westseite der Wand. Den altkanarischen Künstlern stand kein anderes Handwerkszeug zur Verfügung als ein spitzer Steinkeil, mit dem sie die eleganten Linien in den Fels schlugen

Schriftkenntnisse wurden den Altkanariern lange Zeit abgesprochen. Funde in Fels geritzter alphabetähnlicher Zeichen auf allen Inseln belegen das Gegenteil. Beim Vergleich mit Schriftzeichen in Nordwestafrika traten so starke Ähnlichkeiten zutage, dass man heute davon ausgeht, die altkanarische Schrift sei berberisch-libyschen Ursprungs. Dabei weist sie die meisten Parallelen zur vorarabischen Schrift in Nordtunesien und Ostalgerien auf. Stammen die Ureinwohner also aus dieser Region?

bzw. ritzten. Man geht davon aus, dass sie um 500 v. Chr., d. h. kurz nach der Einwanderung der Ureinwohner, entstanden und somit die ältesten bisher gefundenen Felsbilder sind.

Musterhaft und figurativ

Anschließend führt der Weg in eine versteckte Seitenschlucht und endet an einer Felswand. Ganz dicht müssen Sie herantreten, um die Zeichnungen von **La Zarcita** 3 (›kleiner Dornbusch‹) zu erkennen. Wieder sehen Sie Spiralen und Schlangenlinien, insgesamt 18 Bildtafeln. Wer genauer hinschaut, wird – mit etwas Fantasie – zwei figurative Motive erkennen: einen bärtigen Mann im Profil mit markanter Nase und Kopfschmuck, der an einen Azteken erinnert, sowie eine Frau mit insektenförmigem Kopf und Reifrock. Daneben befindet sich ein in den Fels gehauener Altar mit einer Abstellnische für Opfergaben.

Kunst am Fels mitten im Lorbeerwald – was genau sie zu bedeuten hat, gibt immer noch Rätsel auf.

Oh, wie nah ist Afrika

Erst 1941 wurden die Felsbilder entdeckt. Schnell war man mit einem Urteil zur Hand. Bei den Felsbildern, so hieß es, handele es sich um »Zufalls- und Fantasiespiele wilder Barbaren« – eine The-

---

INFOS/ÖFFNUNGSZEITEN

Anfahrt: mit dem Pkw über die LP-1
Parque Cultural de La Zarza y La Zarcita: LP-1, T 922 69 50 05, www.garafia.es/lazarzaylazarcita, Bei Redaktionsschluss wegen Renovierung geschl., Hinweise zu alternativen Felsbildern in der Region erfragen Sie bitte in der Touristeninfo in Llano Negro (► S. 79). Erkundigen Sie sich bitte im Büro nach Erläuterungen zum 7 km langen Naturlehrpfad *(sendero autoguíado)*!

KULINARISCHES FÜR ZWISCHENDRIN

In La Mata, einem Weiler östlich von Llano Negro und nur 15 Gehminuten von La Zarza entfernt, liegt das urige Ausflugslokal **La Mata** 1 (LP-1, T 922 40 06 17, Do–So 11–19 Uhr | €–€€). Bei schönem Wetter können Sie im Garten sitzen!

Faltplan: C 2/3

Wer zu den geheimnisvollen Steinbildern will, schlängelt sich durch mannshohe Farne, bemooste Bäume und schwarze Felsen.

se, die inzwischen verworfen ist: Vergleiche mit historischen Felsbildern auf den übrigen Inseln sowie in Nordafrika haben so große Parallelen zutage gefördert, dass von Zufall keine Rede sein kann, man vielmehr von einem künstlerischen Plan, vielleicht sogar von einer Symbolsprache ausgehen muss.

Lust auf noch mehr Felsbilder? Glück gehabt: La Palma ist die Kanareninsel mit den meisten Felsbildern – insgesamt wurden 50 Fundorte ausgemacht, zu mehreren von ihnen besteht Zugang. Erwandert werden müssen die Felsbilder in **Buracas** (B 3, ► S. 73) und am **Roque Teneguía** (E 11, ► S. 38); am leichtesten für Autofahrer erreichbar sind die in **Belmaco** (G 9, ► S. 33), **El Calvario** (B 2, ► S. 78) und in der **Cueva del Tendal** (G 3, ► S. 85).

Der unendliche Kreislauf des Lebens

Da sich die Bilder von La Zarza und La Zarcita auf 1000 m Höhe an der Inselnordseite befinden, just dort, wo der Passat für den ergiebigsten ›horizontalen Regen‹ sorgt, wird vermutet, sie könnten mit dem Fruchtbarkeitskult in Verbindung stehen. Darauf verweist auch die Nähe zweier Quellen. Demnach könnten die Wellen als Wasserlinien und die Spiralen als Symbol für den unendlichen Kreislauf des Lebens gedeutet werden. Die beiden Figuren von Mann und Frau fügen sich in diese Interpretation ein. Sie könnten nicht nur für die Fortpflanzung der menschlichen Spezies stehen, sondern auch für zwei Götterbilder: Die Frau verkörpert die altkanarische Sonnengöttin Abora und der Mann den Mondgott Iruene.

ten‹ **Lorbeerwald** empfangen. Außer zwei pechschwarzen Tunneln gibt es auf dieser großartigen Strecke kein Zeichen menschlicher Zivilisation, ringsum nur dschungelartig wuchernde Vegetation, tief eingeschnittene Schluchten und schwarz glänzende Felsen mit dickblättrigen, rosettenförmigen Aeoniumpflanzen. Bleibt man auf der unteren, besser ausgebauten LP-1, passiert man die Weiler **Franceses** (E 2) und **Gallegos** (E 2), deren Häuser verstreut an den Steilhängen kleben. Franceses wurde Ende des 16. Jh. von französischen Piraten gegründet, Gallegos von eingewanderten Galiciern. Weiter ostwärts lohnt ein Stopp am **Mirador de La Tosca** (F 2), von dem man auf mehrere Drachenbäume hinabschaut.

Barlovento F 2

Der Gemeindeort in 550 m Höhe ist dem Nordostpassat ausgesetzt: Im Winter ist er oft wolkenverhangen und feucht-kühl. Ohne die Schwaden aber präsentiert sich Barlovento als nettes Dorf inmitten wild wuchernder Vegetation.

Die 700 Einwohner leben hauptsächlich von Landwirtschaft, bauen Kartoffeln, Mais und Gemüse an. Sie leben am Ende der Inselwelt, denn unmittelbar vor den Toren Barloventos beginnt die große Einsamkeit: zerklüftete Klippen, tiefe Schluchten und Lorbeerwald. Wer hier Urlaub macht, liebt raue Natur und wandert gern in dramatischer Berglandschaft. Barloventos wichtigste Sehenswürdigkeit ist die **Iglesia Virgen del Rosario** (16. Jh.) an der weitläufigen Plaza – den barocken Hauptaltar schmückt eine flämische Skulptur der Rosenkranz-Madonna. Ein weiterer Hingucker ist der an der Durchgangsstraße in einem Glaszylinder postierte ehemalige Leuchtturmkopf des **Faro de Punta Cumplida** (▸ S. 84).

Draußen toben

2 km südwestlich des Ortes liegt der bei Palmeros beliebte **Freizeitpark La Laguna** – direkt neben der **Laguna de Barlovento,** dem größten Wasserreservoir der Insel. Hier, in 700 m Höhe, weht meist ein feuchtkalter Wind, Wolkenschwaden huschen gespenstisch über die Anlage. Es gibt einen Campingplatz mit Holzhütten, Grillöfen und Tischen, einen Kinderspielplatz und eine Gaststätte.

Komfortabel in luftiger Höh'

La Palma Romántica

Das Berghotel liegt 1 km westlich des Ortes und hat 43 Zimmer. Es gibt einen Außen- und Innen-Pool sowie Sauna, Gratis-WLAN, Tischtennis und Billard. Ein Shuttlebus bringt Gäste zum Naturschwimmbecken La Fajana. An kühlen Abenden wird das Kaminfeuer entzündet, nachts kann man durchs Teleskop Sterne beobachten!

Carretera General, T 922 18 62 21, www.hotellapalmaromantica.com | €€

Deftig-kräftig

Campesino

Beim ›Bauern‹ gibt's große Portionen kanarischer Hausmannkost und Fleisch vom Grill. Die Einheimischen lieben es!

Travesía Casco Urbano 34, T 922 18 69 06, Mo 13–15, Mi–So 13–21.30 Uhr | €–€€

Wandern

Barlovento ist ein idealer Ausgangspunkt für Wanderungen in die umliegenden Lorbeerwälder und Schluchten. Ein beliebter Weg führt vom **Mirador de La Tosca** nach **Gallegos** (3 Std.).

Infos und Termine

Bus: Linie 100 fährt via Los Sauces nach Santa Cruz, Linie 120 nach Puntagorda.
Taxi: T 922 18 60 46
Fiesta de la Virgen del Rosario: am 2. Augustsonntag, jährlich. Höhepunkt des Festes zu Ehren der Schutzheiligen sind der Pilgerumzug und die Darstellung der Seeschlacht von Lepanto anno 1571, als die Spanier – unter ihnen ein Leutnant aus Barlovento – unter dem Banner der Rosenkranz-Madonna die Türken besiegten. Holzschiffe mit weißem und rot-schwarzem Segel werden in

Stellung gebracht, Säbelgerassel und Bollerschüsse sorgen für eine kriegerische Kulisse.

IN DER UMGEBUNG

Wellenumtoste Naturbecken

Bei Flut füllen sich die Lavabecken mit frischem Wasser, bei Ebbe können Sie sich in kristallklarem Wasser in den **Piscinas de la Fajana** (🕮 F 1) erfrischen. Das Rundlokal **La Gaviota** (T 922 18 60 99, Fr–Mi 11–23 Uhr | €€) bietet sich an für eine kurze Pause mit einem Ausblick auf die Küste und den Leuchtturm (s.u.). Anfahrt: auf halber Strecke zwischen Barlovento und Los Sauces dem Hinweisschild ›La Gaviota y La Fajana‹ folgen, vorbei an terrassierten Bananenplantagen 5,5 km zur Küste).

Hotel im Leuchtturm

Faro Punta Cumplida

Im ältesten Leuchtturm Spaniens (nahe den Naturbecken, Zufahrt ausgeschildert) können Sie übernachten! Im Sockelbau wurden drei schicke Suiten eingerichtet, von der Hausdame kann man sich das Frühstück zubereiten lassen. Spektakulär: die Aussichtsterrasse in 34 m Höhe und der Infinity-Pool.

T (+49) 30 81 86 45 91 (dt.), www.myfloatel.de | €€€

Los Sauces 🕮 G 2

›Die Weiden‹, so der Name des Städtchens, sind ein untrügliches Indiz für Wasserreichtum. Den heutigen Wohlstand von Los Sauces begründen vor allem Bananen, deren Stauden sich über die steilen Hänge bis zur Küste erstrecken.

Eine viel befahrene Hauptstraße mit mehrgeschossigen Häusern durchschneidet den Ort in seiner ganzen Länge. Muße kommt bestenfalls am Rathausplatz auf, wo rings um einen Springbrunnen Bäume und Blumen

Faro Punta Cumplida: Der älteste Leuchtturm Spaniens ist heute ein Luxushotel.

gepflanzt wurden. Schräg gegenüber reckt sich die **Iglesia de Nuestra Señora de Montserrat** in die Höhe, ein Gotteshaus mit kuppelgeschmücktem Glockenturm (tgl. 8–19 Uhr). Sie ist das Geschenk eines Kaufmanns, der im 16. Jh. mit dem Zuckerhandel ein Vermögen machte. Eine Skulptur am Hochaltar zeigt die Jungfrau von Montserrat, auch ein Gemälde in der Taufkapelle ist ihr gewidmet.

Spektakuläre Ingenieurskunst

Südlich von Los Sauces entstand in den Jahren 2001–2004 die höchste und zugleich eine der längsten Einbogenbrücken Europas: **die Puente de Los Tilos.** Sie überspannt majestätisch den **Barranco del Agua,** ist 357 m lang und 150 m hoch!

Familiär

El Canal

Vorwiegend kanarische Kost, aber auch Pizza und Salat. Dazu gibt es guten spanischen Wein und anschließend hausgemachte Nachspeisen, z. B. die köstliche Mandelmousse *bienmesabe.*

Carretera General del Norte 27, T 922 45 08 43, www.restauranteelcanal.com, Di–Sa 13.45–17 Uhr | €€

Infos
Bus: Linie 100 fährt nach Barlovento und via Puntallana nach Santa Cruz. Mit Linie 4 kommt man nach San Andrés und Puerto Espindola.
Taxi: T 922 45 09 28

In der Umgebung

Lorbeerwald-Paradies
Es macht Spaß, eine Tour in den Lorbeerwald (F 3) **Los Tilos** zu unternehmen! Doch vor der Praxis etwas Theorie … Zunächst führt der Weg zum **Besucherzentrum** (Centro de Visitantes, T 922 45 12 46, tgl. 9–14, 14.30–18 Uhr), in dem die 20 verschiedenen Baumtypen des Naturreservats Los Tilos vorgestellt werden. Seinen Namen verdankt es dem *til,* zu Deutsch ›Stinklorbeer‹ (Ocotea foetens). Unangenehm riecht der Baum allerdings nur, wenn seine Rinde angeritzt wird. Ein anderer Baum ist nach Apollo, dem griechischen Gott der Schönheit, benannt (Apollonio barbusans); ein dritter (Persea Indica) trägt giftige Früchte, die nur die einheimische Lorbeertaube problemlos verdaut. Eines haben alle Lorbeerbäume gemeinsam: Sie besitzen die Fähigkeit, die vom Nordostpassat heranwehenden Wolken zu ›kämmen‹: Die Feuchtigkeit kondensiert an ihren Blättern zu Tropfen und sorgt für ›horizontalen Regen‹.
Nehmen Sie sich Zeit für eine kleine Wanderung! Leicht und kurz ist der auf ▶ S. 86 beschriebene Weg zum **Mirador Espigón Atravesado,** noch etwas kürzer der Weg in die ›Wasserschlucht‹, den **Barranco del Agua:** Vom Besucherzentrum folgen Sie der Straße bergab und biegen vor der Linkskurve rechts in einen Kanalweg ein, der zum Grund der Schlucht führt. Gehen Sie dort rechts weiter, erreichen Sie nach 15 Min. eine Felswand mit (keinem echten, sondern künstlichen) Wasserfall!

La Galga G 4

Auf halber Strecke zwischen Los Sauces und Puntallana an der LP-1: ein unscheinbarer Weiler mit zwei Attraktionen!

Wie die Altkanarier lebten
Im Ortsteil Los Galguitos, nahe einer Kapelle bei km 18,9 lohnt der **Archäologische Park La Cueva del Tendal** einen Stopp (Di–Sa 10–18, So/Mo 10–15 Uhr). Vom Besucherzentrum führt ein Lehrpfad zu einigen der mehr als 20 hier entdeckten altkanarischen Wohn- und Grabhöhlen, die, wie aufgrund von Fundstücken vermutet wird, schon vor mehr als 2000 Jahren bewohnt waren. Die größte Höhle ist 60 m lang!
www.lapalmacentrosturisticos.com, tgl. 10–18 Uhr, Eintritt 8 €, Rabatt beim Kauf eines Kombitickets für alle drei Besucherzentren (mit Caño de Fuego, ▶ S. 45, und Roque de los Muchachos, ▶ S. 75)

Zum Lorbeerwald
Bester Zugangsort zum urwüchsigen Lorbeerwald ist das **Info-Häuschen** (mit Parkplatz), das bei km 16,1 der LP-1 zwischen zwei Tunneln liegt. Dort erhalten Sie ein Faltblatt zu einem 2 km langen Naturlehrpfad durch den **Cubo de La Galga** (▶ F 4), eine dunkle Schlucht mit Riesenfarnen, Weiden und dschungelartigem Lorbeer. Sehr zu empfehlen!

San Andrés G 3

Mit der stimmungsvollen Plaza und den historischen Häusern am Hang ist San Andrés einer der schönsten Orte der Insel. Ein Küstenweg führt zum ›Blauen Teich‹, einem attraktiven Badeplatz.

Was für eine Plaza!
Durch ein Meer von Bananenstauden fahren Sie steil in Richtung Küste hinab. Stellen Sie das Auto möglichst oberhalb der Plaza ab und spazieren Sie über die kopfsteingepflasterte Gasse zum Kirchplatz mit der **Iglesia de San Andrés**

Botanische Wundertüte – **zum Mirador Espigón Atravesado**

Der Lorbeerwald ist ein Relikt aus voreiszeitlichen Epochen. Nicht nur immergrüne Bäume wachsen hier, sondern auch mannshohe Farne, Lianen und Klettergewächse. Vieles erfahren Sie im Besucherzentrum, noch schöner ist eine Kurzwanderung zu einem Aussichtspunkt mit Blick ins grüne Labyrinth.

Schon lange bevor der Mensch existierte, wuchs Lorbeerwald rings um das Mittelmeer. Doch während er dort infolge der Eiszeiten ausstarb, überlebte er auf den wärmeren Atlantikinseln. Die europäische Kolonialisierung hat ihm dann freilich fast den Garaus gemacht: Vielerorts wurde der Wald, der einst den gesamten Norden der Kanaren auf einer Höhe zwischen 500 und 1100 m bedeckte, Opfer der Zuckerindustrie – die Bäume dienten als Brennstoff der Siedereien. Zum Glück blieb in den schwer zugänglichen Schluchten des Inselnordens der urwüchsige Lorbeerwald erhalten: 1983 wurde er zum UNESCO-Biosphärenreservat erklärt.

Wer zum ersten Mal auf La Palma wandert, vergisst vielleicht, dass nicht den ganzen Tag über die Sonne scheint: Gerade wenn Sie eine Tour durch den Lorbeerwald planen, sollten Sie früh aufbrechen, denn schon mittags bildet sich oft Nebel (spanisch: *bruma*) aus, der so dicht sein kann, dass von der schönen Landschaft kaum etwas zu sehen ist!

Stinklorbeer und tiefe Schluchten

Mehrere markierte Wanderungen führen durch den Lorbeerwald. Leicht ist der hier vorgestellte Naturlehrpfad zum Aussichtspunkt **Mirador Espigón Atravesado:** Vom **Centro de Visitantes Los Tilos** 1 (▸ auch Los Tilos S. 85) geht es für ca. 500 m auf der Straße zur Info-Hütte **Caseta de Información** 2**.** Dort biegen Sie rechts in die Forstpiste PR-LP 6 ein. Sie ist gelb markiert und trägt die Aufschrift »Monte El Canal y Los Tiles«. Nach ca. 5 Min. wird ein 100 m langer Tunnel durchquert, danach führt der Weg in den grünen Dschungel hinein. Nach ca. 20 Min. passieren Sie eine Gruppe von Stinklorbeerbäumen, auf die eine Info-Tafel aufmerksam macht. Später steigt der Weg stärker an und der Blick weitet sich zum tiefen **Barranco del Agua.**

Hoch oben haben Sie vom Mirador eine grandiose Aussicht.

Nach 50 Min. verlassen Sie die Piste auf dem scharf links abzweigenden, mit Geländer gesicherten Treppenpfad. Je höher Sie steigen, desto lichter wird es: In gut 700 m Höhe stehen Sie am **Mirador Espigón Atravesado** 3 (1 Std.), der quer in die Schlucht hineinragt und einen herrlichen Blick über den Oberlauf der bewaldeten Schlucht eröffnet. Zurück zum **Besucherzentrum** 1 geht es auf demselben Weg.

INFO/ÖFFNUNGSZEITEN

Anfahrt: 1 km südlich von Los Sauces (LP-1 Km 21.1, hier Bushaltestelle) zweigt links die schmale LP-105 ab, die in 3,5 km zur **Caseta de Información** 2 am Eingang zur hier vorgestellten Tour führt – einige wenige Autos können hier parken. Weitere 500 m aufwärts endet die LP-105 am **Centro de Visitantes Los Tilos** 1, wo es mehr Parkmöglichkeiten gibt.
Länge und Gehzeit: 4 km hin und zurück, 2 Std., leicht
Ausrüstung: gutes Schuhwerk und Taschenlampe
Caseta de Información 2: tgl. 9–17 Uhr

KULINARISCHES FÜR DANACH

Der Waldgasthof **Casa Demetrio** 1 unterhalb des Besucherzentrums (Centro de Visitantes) serviert kanarische Hausmannskost wechselnder Qualität. Nichts falsch machen kann man mit einem Kaffee oder einem Gläschen Rotwein. An kühlen Tagen wärmen Sie sich am Kamin, bei schönem Wetter können Sie auf der Terrasse Platz nehmen (T 922 45 05 19, tgl. 10–18 Uhr | €€).

Faltplan: F 3

(tgl. 8–19 Uhr). Er erinnert an jene Zeit, als der Export des ›weißen Goldes‹ boomte und die Zuckerbarone in prächtigen Häusern residierten. Im 16. und 17. Jh. gehörte San Andrés zu den wichtigsten kanarischen Handelshäfen: Zucker und Wein wurden vor allem nach Flandern und Spanisch-Amerika verschifft.

Eine gute Wahl
Miriam

Acht geräumige Apartments, wenige Gehminuten vom Naturschwimmbecken Charco Azul. Am schönsten sind die Eckräume – mit Blick über Bananenfelder.

Calle El Melonar s/n, T 922 45 07 39, www.apartamentosmiriam.com | €

Genießen und entspannen
La Placita Food and Coffee

Oberhalb der Plaza, mit Blick auf die Palmen, machen Sie sich's bequem und fragen Sergio nach dem Tagesgericht *(plato del día)*. Stets gut schmecken der orientalische Salat, Gambas mit Knoblauch und gebratener Ziegenkäse *(queso asado)* mit Feigenkonfitüre.

La Plaza 5, T 922 10 63 34, Mi–Do 13–18, Fr/Sa 13–16 u. 19–22 Uhr | €€

Am stimmungsvollen Platz
San Andrés

Auch nicht schlecht: Auf der palmenbeschatteten Terrasse neben der Kirche bekommen Sie Tapas und Fischgerichte.

La Plaza 7, T 922 45 17 25, Mo/Di 12–20, Do–So 12–22 Uhr | €

Infos und Termine

Bus: Linie 4 verbindet San Andrés mit Los Sauces bzw. Puerto Espindola.

Fiesta del Carmen: 16. Juli. Die Schutzheilige der Fischer wird mit einer Bootsprozession geehrt.

In der Umgebung

Türkisblauer Pool

Über einen Küstenweg bei San Andrés erreichen Sie **Charco Azul**, ein in Fels

Gleich bekommen die Bananen in der Kooperative bei Puntallana eine Dusche verpasst … Der Bananenanbau ist für viele Palmeros eine wichtige Erwerbsquelle.

geschlagenes Meerwasserschwimmbecken mit kristallklarem, türkisfarbenem Wasser. Eine Mauer schützt vor der Brandung, auch der Steilhang hinter den Becken wurde befestigt – fortan soll man vor Steinschlag sicher sein. Stärkung bietet **La Cantina** (www.lacantinaelcharcoazul.com, Mo–Fr 10–17 Uhr | €).

Mit Strand und Fischlokal

Auf der LP-1042 gelangen Sie zum ehemaligen Exporthafen von San Andrés und Los Sauces, **Puerto Espíndola** (🕮 G 2). Mächtige Wellenbrecher aus Beton schützen ihn vor der Gewalt des Meeres. Nördlich angrenzend, am Fuß der Steilhänge, wurde ein dunkler Sandstrand aufgeschüttet – der unter Urlaubern immer noch wenig bekannt ist. Den besten Blick auf Hafen und Badebucht haben Sie vom Fischlokal **Mesón del Mar** – doch wünscht man sich einen kreativeren Koch (T 922 45 03 05, Mi–So 11–22 Uhr | €€). Oberhalb vom Mesón del Mar lädt die **Rumfabrik Destilerías Aldea** zu einem Besuch ein (Calle Puerto Espíndola 3, www.nueva.destileriasaldea.es, Mo–Sa 10–14, 15–18, So 11–14 Uhr, Eintritt 5 €).

Puntallana 🕮 G 4

Vergessen Sie den Ort, wie er sich entlang der Hauptstraße LP-1 präsentiert. Interessant wird er erst unterhalb der Kirche, längs der schmalen, steil abfallenden Calle Procesiones. Dort erleben Sie Ländlichkeit von der schönsten Seite.

Quelle mit Aussichtsterrasse

Die ›Prozessionsstraße‹ ist identisch mit dem weiß-gelb markierten Wanderweg PR-LP 4 und führt vorbei an einem Hexenhäuschen (samt Günter-Grass-Mirador) zur **Casa Luján.** Beiden ist in diesem Buch eine eigene Tour gewidmet (▶ S. 90). Das im 19. Jh. erbaute Haus steht in einem terrassierten, pflanzenüberwucherten Tal und eröffnet über saftige Fluren Weitblick aufs Meer. Doch es lohnt noch ein Stück weiter hinabzulaufen: Sie kommen zu einem hübschen, von der EU finanzierten Hostel und sehen rechts davon die **Fuente de San Juan,** eine von Palmen eingefasste Quelle, wo die Frauen des Ortes einst ihre Wäsche wuschen. Von der zugehörigen Aussichtsterrasse genießen Sie einen weiteren herrlichen Blick auf die umliegenden grünen Hänge.

Ron Aldea, der hochprozentige Rum aus einheimischem Zuckerrohr, wird in **Puerto Espíndola** gebrannt. Sie können die **Zuckerfabrik** besichtigen – an der Straße vom Restaurant Mesón del Mar zum Charco Azul.

Spektakulärer Strand

Einen anderen Zugang müssen Sie wählen, um zur **Playa de Nogales** zu kommen, einem schmalen Lavastrand am Fuße einer zerklüfteten Steilwand. Er ist romantisch, doch baden können Sie nur bei ruhiger See, bestenfalls im Sommer. Durch einen unterirdischen Tunnel ist die südlich gelegene **Cueva del Infierno** erreichbar. Im 16. Jh. haben hier Piraten und Korsaren ihre erbeuteten Schätze versteckt. Im Dorf erzählt man sich, dass noch zu Beginn des 20. Jh. in der Tiefe der Höhle Behälter mit Münzen entdeckt worden seien … Anfahrt: Im Dorfzentrum zweigen Sie auf der LP-102 Richtung Bajamar abund folgen nach 2,8 km dem Schild zur ›Playa de Nogales‹ bis zum Parkplatz; von dort sind es noch gut 10 Min. zu Fuß.

❶ Infos

Bus: Die Linie 100 fährt südwärts nach Santa Cruz und nordwärts nach Barlovento.

Besuch bei Günter Grass und den Mayos – **in Puntallana**

Ausgerechnet das verschlafene Puntallana hatte sich Literaturnobelpreisträger Günter Grass für manch eine Ferienauszeit gewählt, ein ›literarischer Aussichtspunkt‹ erinnert daran. Nahebei finden Sie die Casa Luján, ein Ethno-Museum der schönen Art.

Mirador Literario de Günter Grass

Über die Calle Procesiones erreichen Sie ein kleines Landhaus. Jahrelang befand sich hier BILA, eine deutschsprachige Bibliothek, gestiftet von einem Berliner Buchhändler. Einer ihrer ersten Gäste war Günter Grass (1927–2015)! 2023 wurde an seine Aufenthalte erinnert und hinter dem Haus eine **Aussichtsterrasse** 1 angelegt. Zwei Bronzeklappstühle stehen da, davor ein Tischchen, auf dem Günter Grass scheinbar ein Manuskript samt Pfeife abgelegt hat – als sei er nur kurz mal weggegangen. Im Boden leuchten Zitate aus seinen Romanen.

Sitzen mit Unschuldsmiene in der Klasse und haben's doch faustdick hinter den Ohren ...

In der Casa Luján

Weiße Mauern umschließen einen kopfsteingepflasterten Innenhof, und auch die Balkone aus Kiefernholz repräsentieren den kanarischen Baustil. Früher diente die **Casa Luján** 2 als Rathaus, später als Schule; heute erinnert darin ein Ethno-Museum an bäuerliches Leben anno dazumal. Hier ›lebten‹ Dutzende lebensgroßer Puppen, Mayos genannt. Ihre Komik rührt her vom Kontrast zwischen bizarr und konventionell, fantastisch und real. Bei der Restaurierung der Casa Luján hat man nicht aufgepasst und die Mayos beschädigt. Jetzt warten sie auf ihre Wiederauferstehung. Hoffentlich wird man bald wieder sehen, wie sich etwa eine Bauernschönheit mit einem gockelhaften Mann vermählt, sich ein Greis von einer jungen Magd bedienen lässt, während seine Frau in die Pedale der

Nähmaschine tritt. Auch das Klassenzimmer voll blauäugiger Schüler wünscht man sich herbei …

Neues Leben für die Plastikblume

Die Tradition der Mayos hält in Santa Cruz ein Nachbarschaftsverein aufrecht: In der Calle Rodríguez López (nahe Museo Naval) bewachen in der Nacht zum 3. Mai mehr als hundert Mayos die beiden Kreuze der Straße (▶ Marginalie rechts). Meisternäherin Señora Concha erzählt, dass sie schon im Dezember mit der Arbeit beginnt. »Alles wird recycelt: ausrangierte Schuhe und Perücken, Krawatten und Ketten, Plastikblumen und das Karnevalskostüm vom Vorjahr – kurz: alles, was sonst im Müll landet, findet bei uns Verwendung.« Im ›OP-Saal‹, wie sie es nennt, wird einem Holzrumpf ein Kopf aufgesetzt, anschließend schlüpft das ›Skelett‹ in einen ausgedienten Schlafanzug. Dieser wird mit so viel zerschreddertem Papier gefüllt, bis Leib und Glieder prall gefüllt sind. Ist der Körper fertig, erhält die Figur ihr Charakterprofil und schließlich auch ein Gesicht. »Einmal haben wir einen Polizisten kreiert, der so echt wirkte, dass vor ihm Autos auf der Straße anhielten.« Mit der Kreation der Mayos ist der Spaß noch nicht vorbei: »Nach dem Maifest«, so Señora Concha, »schnappen wir uns die Puppen und tanzen mit ihnen die halbe Nacht!«

Auf dem spanischen Festland sind Mayos junge Männer, die ihrer Auserwählten zum 1. Mai ein Ständchen bringen *(mayo* = Mai). Auf La Palma sind es groteske Wesen, jedoch die in der Nacht zum 3. Mai festlich geschmückte Kreuze bewachen. Der Brauch geht zurück auf den 3. Mai 1493, als die spanischen Konquistadoren La Palma eroberten und ihrer Hauptstadt den Namen ›Heiliges Kreuz‹ (Santa Cruz) verpassten.

INFOS/ÖFFNUNGSZEITEN

Museo Casa Luján 2: El Pósito 3, Mo–Fr 9–13.30 Uhr. Mit Auto bequem erreichbar über die am nördlichen Ortsausgang abzweigende, zum Parkplatz führende Straße

KULINARISCHES FÜR ZWISCHENDRIN

Die **Casa Asterio** 1 ist vor allem sonntags bei Einheimischen beliebt. Gut schmecken Schafskäse, Eintopf und Ziegenfleisch (La Galga, an der Straße Richtung Los Sauces, T 922 43 01 11, Mi–Mo 11–23 Uhr | €).

Faltplan: G 4

Das Zentrum

Von der Abbruchkante schauen Sie in die Tiefe der Caldera de Taburiente – 1000 schwindelerregende Meter! Aus dem ›Hexenkessel‹ steigen bauschige Wolken auf, langnadelige Kiefern krallen sich in die senkrecht abstürzenden Flanken – schroffes Gestein einer gigantischen Felsarena!

Handwerk hautnah: Wie feine Seide zu edlem Stoff wird, zeigt die Weberin im Seidenmuseum.

El Paso 🕮 D 6/7

Die ›Durchgangsstation‹ auf dem Weg von Los Llanos nach Santa Cruz eignet sich ebenso gut für einen Zwischenstopp wie für einen längeren Aufenthalt.

Terrassenförmig zieht sich El Paso (2500 Einw.) von 450 bis auf 750 m Höhe, was bedeutet, dass es hier an Winterabenden kühl werden kann. Das hat viele Deutsche nicht davon abgehalten, sich hier niederzulassen. Sie schätzen das grandiose Gebirgspanorama (Caldera de Taburiente ▸ S. 96) und die Küstennähe; auch finden sie alles, was sie zum Leben brauchen: einen großen Supermarkt und Naturkostläden, Ärzte, Bäcker und sogar eine Waldorfschule.

Die Perlen von El Paso

Um das Städtchen von seiner schönsten Seite zu erleben, verlassen Sie die Hauptstraße am Supermarkt San Martín und biegen in die Av. José Antonio ein. Zur Linken liegt die große Plaza mit einem Pavillon der Touristeninfo. Zur Rechten zweigt etwas später die **Calle Manuel Taño** ab, mit ihren schmucken Bürgerhäusern die attraktivste Gasse El Pasos. Sie führt zum **Seidenmuseum** (Museo de la Seda Las Hilanderas), dann vorbei an Kapelle und Kirche zur alten Dorfstraße hinauf. Halten Sie sich dort rechts, es wird idyllisch: Sie sehen blumenumrankte alte Landhäuser und im Hintergrund die Außenwand der **Caldera.**

Aus feinster Seide

La Palma ist das letzte Refugium der europäischen Seidenspinner. Im

Seidenmuseum **Museo de la Seda Las Hilanderas** wird der traditionelle Produktionsprozess erläutert: Nach langer Mast mit Maulbeerblättern verpuppen sich die Seidenraupen in einen Kokon aus hauchdünnem Faden. Bevor sie sich in bunte Schmetterlinge verwandeln können, werden sie in siedend heißes Wasser geworfen und gekocht. Dadurch löst sich der Faden von der Raupe, kann anschließend mit Naturstoffen gefärbt und auf eine Spindel gewickelt werden. Zuletzt wird er zu feinem Stoff verwebt, aus dem Schals, Krawatten und Hemden genäht werden. In der Seidenwerkstatt des Museums freut man sich über Besucher und lässt sich bereitwillig bei der Arbeit zuschauen. Das Museum befindet sich im Zentrum des Ortes schräg gegenüber der Post.
Calle Manuel Taño 6, www.lashilanderaselpaso.com, Mo–Fr 9–14 Uhr, Eintritt 3 €

Zu Ehren der Kiefernjungfrau

Nahe der Auffahrt zur Cumbrecita steht im Schatten einer Riesenkiefer die romantische Wallfahrtskapelle **Ermita Virgen del Pino** ( E 6). Just hier – so die Legende – soll die Heilige Jungfrau kurz nach der Eroberung einem Bauern in einer Kiefer erschienen sein … Die Ermita ist Startpunkt eines **Wanderwegs,** der in einer Stunde steil zum Höhenzug **La Cumbre** hinaufführt.

Besucherzentrum des Nationalparks

Im **Centro de Visitantes Caldera de Taburiente**, einem verschachtelten Betonbau, erhalten Sie eine anschauliche Einführung in La Palmas Natur. Multimedia-Stationen, Installationen und maßstabsgetreue Reliefmodelle erzählen, wie die Insel vor Urzeiten aus dem Atlantikboden wuchs und von Wasser, Wind und Vulkanausbrüchen geformt wurde. Nicht nur La Palmas Pflanzen und Tiere werden vorgestellt, sondern auch die ersten Siedler und ihre faszinierende Kultur. Im kleinen schmucken Botanischen Garten neben dem Centro wachsen viele ›Kanarier‹ – Pflanzen, die es nur auf den Inseln gibt und nirgends sonst auf der Welt.
LP-3 (3 km östl. El Paso, Bushaltestelle), T 922 92 22 80, www.reservasparquesnacionales.es, tgl. 9–18 Uhr, Eintritt frei

La Cumbrecita

Kurze, aber spektakuläre Runde im Herzen des Nationalparks: ▶ S. 102

SCHLEMMEN, SHOPPEN, SCHLAFEN

In fremden Betten

Mit großem, schönem Garten
Finca Cosmos
Ein Landgut am östlichen Ortsrand wurde mit viel Liebe zum Detail restauriert. Zur Wahl stehen die Casas Antigua und Galería sowie ein Bungalow. Herrlich ist der zugehörige 7000 m2 große Garten mit Obstbäumen, Palmen und Blumen, dazu ein Baumhaus sowie ein kleines

Lage und Infrastruktur machen aus der ›Durchgangsstation‹ für viele Deutsche einen Ort zum Bleiben.

Riesiger Erosionskrater – **Caldera de Taburiente**

Ein Klassiker, der es in sich hat: Beschaulich ist der Abstieg durch Kiefernwald und genussvoll ein Bad in kleinen Felsbecken am Kratergrund. Zurück geht es durch den Barranco de Las Angustias – die ›Schlucht der Ängste‹.

»Ein Krater von entsetzlicher Tiefe«, so notierte der Geologe Leopold von Buch 1852: Die **Caldera de Taburiente** im Herzen der Insel ist eine Felsarena von 9 km Durchmesser, deren Basaltwände über 1500 m in die Tiefe stürzen. Nur an einer Stelle, dem Nadelöhr des Barranco de Las Angustias, ist die Caldera mit der Außenwelt verbunden. 1981 wurde sie zum Nationalpark erklärt.

Aufräumarbeiten der Natur

Doch wie ist dieser riesige Trichter entstanden? Infolge von Vulkanausbrüchen vor Hunderttausenden von Jahren war ein knapp 4000 m hoher Kegel gewachsen. Nachdem seine Magmakammer ihre glühende Lava nach außen geschleudert, d. h. sich entleert hatte, entstand im Herzen des Vulkandoms ein Hohlraum. Dessen Decke konnte die Lavamassen des aufsitzenden Kegels nicht halten: Sie brach ein und die Gesteinsmassen stürzten in die Tiefe. Tausende von Jahren dauerte es, bis durch Sturzregen und Quellwasser der Gesteinsschutt durch den **Barranco de Las Angustias** 1 ins Meer gespült wurde.

Wasserspeicher in der Unterwelt

Eine Wanderung durch die Caldera ist eine Reise in La Palmas vulkanische Entstehungsgeschichte. Unterwegs sieht man Ausstülpungen von Kissenlava, die beim Ausbruch des Urvulkans aus den tiefsten, unterseeischen Schichten der Insel emporgerissen wurde. Dagegen ist die 60 m hohe Felsnadel des **Roque Idafe** das Relikt eines freigelegten Magmaschlots. In die schroffen Steilwände krallen sich Kiefern, auf dem Grund der Caldera

Heute ist er ein ›Naturmonument‹, für die Ureinwohner war er ein Heiligtum. Sie glaubten, der Felsschlot, der seine Umgebung wie ein gigantisches Ausrufezeichen überragt, halte den Himmel oben. Verständlicherweise hatten sie große Angst, dass der Fels eines Tages umfallen würde. Um dies zu verhindern, brachten sie ihren Göttern Tieropfer dar, während sie sangen: »Iguida iguan Idafe?« (Wird der Idafe fallen?). Woraufhin ein Sänger antwortete: »Guerte iguan taro« (Gib ihm, was du hast, und er wird nicht fallen).

See me, feel me, touch me – topografisches Modell der Vulkaninsel im Besucherzentrum

bilden sie lichte Haine. Nach Regenfällen stürzen Wasserkaskaden über die Felswände hinab und tragen dazu bei, dass der ganzjährig fließende Caldera-Bach zusätzliche Nahrung erhält. Er wird von Quellen gespeist, die pro Sekunde 100 bis 300 Liter ausstoßen. Das meiste davon wird allerdings in unterirdische Galerien eingespeist, die der Wässerung von Bananenplantagen dienen.

Kieferndurft und Nahrung fürs Hirn

Vom Parkplatz **Barranco de Las Angustias** 1 (240 m) bringt das Sammeltaxi die Wanderer in zahllosen Kehren zum Ausgangspunkt der Tour am **Mirador de Los Brecitos** 2 (1130 m). Sie folgen stets dem gelb markierten PR-LP 13 in Richtung Zona de acampada, sanft und stetig geht es über weiches Nadelpolster hinab. Der Weg ist als Naturlehrpfad angelegt, an zehn Stationen können Sie sich über Geologie, Flora und Fauna kundig machen. Sie laufen durch duftenden Kiefernwald, kleine Schluchten werden auf Holzbrücken gequert. Immer wieder bieten sich atemberaubende Ausblicke, besonders schön vom **Mirador del Lomo de Tagasaste** 3 (45 Min.) mit Blick in den Talkessel. Nach weiteren 45 Min. ist der Talgrund der Caldera erreicht, fast lotrecht ragen die Felswände auf. Das Wasser staut sich im Flussbett zu Tümpeln – ein willkommener Anlass, sich zu erfrischen. Nach Querung des Flussbetts gelangen Sie über eine Böschung zum Picknick- und Campingplatz **Playa de Taburiente** 4 (1.45 Std.). Rechts hinauf geht es zum **Centro de Servicios de Taburiente** 5, einer Infostelle mit Ausstellungsraum (und Toiletten).

▶ LESESTOFF

Was ein Wanderurlaub auf La Palma an geheimen Wünschen, Ängsten und Neidgefühlen freisetzen kann, beschreibt Regina Nössler in ihrem Thriller **Wanderurlaub.** Eine tolle Einstimmung auf die Insel in all ihren Facetten – vom Meer über Pilze bis zu Traumschiffen und Teufelstanz – bietet das spannend illustrierte deutsch-spanische **Lesebuch La Palma.** Man schmökert und schmunzelt und mag es gar nicht mehr aus der Hand legen …
konkursbuch Verlag

Eisen, Vulkangestein und Quellwasser gehen an der Cascada de los Colores eine farbgewaltige Symbiose ein.

Wenn alle Bächlein fließen ...

Ab der Infostelle folgen Sie dem Richtungspfeil ›Barranco de Las Angustias‹. Der Weg verläuft oberhalb des Bachs zu einer Einsattelung, wo er nach links zum Barranco de Almendro Amargo, der ›Schlucht des bitteren Mandelbaums‹ schwenkt. Nach ein paar Minuten geht es hinauf, dann wieder hinab – kurzzeitig mit Blick auf den **Roque Idafe,** den heiligen Berg der Ureinwohner. Nach ca. 30 Min. hat sich der Weg dem Bach angenähert und gabelt sich: Beide Varianten führen später wieder zusammen; leichter ist der Abzweig rechts hinauf *(salida normal).* Fließt der gelblich gefärbte Barranco del Limonero in unsere Schlucht ein (Wegpunkt 213), besteht die Möglichkeit, ihm nach links 500 m zu einem kleinen Wasserfall, der **Cascada de Los Colores** 6, zu folgen (am Ende Kletterpartie). Indes führt der Hauptweg sogleich ins Bachbett hinab, dem wir talabwärts folgen. Wenige Minuten später vereint sich der Barranco de Almendro Amargo mit dem von rechts kommenden Río de Taburiente: **Dos Aguas** 7 (3.15 Std.) wird die Stelle genannt, an der offiziell der Barranco de Las Angustias beginnt.

Zur Belohnung: Bad im Bach

Hier gilt es, das Bachbett nach rechts zu queren, der Weg verläuft nun oberhalb des Bettes. Er wechselt in der Folge mehrfach die Flussseite. 50 m, nachdem man unter einer Rohrleitung hindurch musste, schwenkt man auf den links abzweigenden Weg, der später wieder ins Bachbett mündet und dieses nach 50 m verlässt, diesmal nach rechts. Nach weiteren 10 Min. führt der Weg oberhalb einer Kanalbrücke an einem Steinhaus vorbei und geleitet erneut ins Bachbett hinab, wo eine zweite Kanalbrücke passiert wird. Wenn sich die Klamm nach 5 Min. verengt, gilt es zwecks Umgehung einer Steilstufe dem Weg nach links zu folgen. Bald quert er das Bachbett nach rechts und setzt sich auf der dortigen Talseite fort. 10 Min. später gelangen wir ins Barranco-Bett und spazieren durch die sich allmählich öffnende Schlucht, die im Schlussabschnitt mit Badebecken überrascht, zum **Parkplatz** 1 zurück.

Auf dem Weg in die Caldera treffen Sie nach 4,3 km auf den Abzweig »Sendero de los 9 pinos gordos« (hin und zurück 1,2 km, je 75 Höhenmeter im An- und Abstieg). Auf dem kurzen Lehrpfad sind sie aufgereiht: neun 30 m hohe **Riesenkiefern** mit einem Stammdurchmesser von 1–2 m.

INFOS

Anfahrt: Von Los Llanos mit dem Auto (kein Busanschluss) über die Calle Dr. Fleming stadtauswärts fahren und der Ausschilderung Richtung Parque Nacional de la Caldera de Taburiente folgen. Unterwegs können Sie sich am Infostand **Lomo de los Caballos** über die aktuelle Wetterlage und die Begehbarkeit der Wege informieren. Bei oder nach starkem Regen schwillt das Wasser in der Schlucht an – dann dürfen Sie den Weg nicht begehen! Nach 5 km ist der Parkplatz **Barranco de Las Angustias** 1 erreicht. Dort nehmen Sie ein Sammeltaxi (tgl. 9–12 Uhr, T 620 05 26 92, FB: taxis.calderataburiente, für die 10 km lange Strecke zum 900 m höheren **Mirador de Los Brecitos** 2 52 €/5 Pers.).

Schwierigkeitsgrad: Die Tour ist gelb markiert (PR-LP 13), für die 11 km lange Strecke sind 5 Std. reine Gehzeit einzuplanen. Die erste Etappe ist leicht und landschaftlich reizvoll, die zweite spektakulär und schwierig, Trittsicherheit und gute Kondition sind erforderlich. Sie sollten früh starten, mit Pausen sind Sie den ganzen Tag unterwegs.

Ausrüstung: Außer Wanderschuhen und Sonnenschutz benötigen Sie Proviant und Wasser, für eine Erfrischung in den Felsbecken auch Badezeug.

Hinweis: Wer nur bis zum Campingplatz und auf dem selben Weg zurücklaufen will, sollte mit dem Taxifahrer den Rücktransport zum Parkplatz absprechen.

IN FREMDEN BETTEN

Um kostenlos zwei Nächte im **Kratergrund** campieren zu können, müssen Sie sich frühzeitig per Internet (www.reservasparquesnacionales.es) anmelden. Im Sommer und Herbst kommen Sie mit Schlafsack und Isomatte aus, im Winter ist ein Zelt empfehlenswert.

KULINARISCHES FÜR DEN ABSCHLUSS

Das Lokal **Balcón Taburiente** 1, auf halber Strecke zwischen Parkplatz und Los Llanos de Aridane, liegt aussichtsreich über einer Flanke der Schlucht und bietet deftig Kanarisches (Camino Cantadores 2, nahe der Caldera-Zufahrt, T 922 40 21 95, Mi–Sa 11–23, So 11–21 Uhr | €–€€).

Faltplan: C 6–D 5

Theater, Aussichtsplattformen und ein Yoga-Kuppel-Kreis – alles aus Holz!
Calle Guzmán Toledo s/n, T 610 34 23 52, https://finca-cosmos.com | €€

Komfortabel am Sonnenhang
La Luna Baila
Attraktive Wohnanlage in einem großen, Hanggarten mit Pool, 2,5 km südlich von El Paso. Familie Kaas vermietet ein Studio und räumlich voneinander getrennte, komfortabel eingerichtete Bungalows mit Weitblick aufs Meer.
Echedey 24, Tacande de Abajo, T 922 48 59 97, www.lapalma-sonne.de | €€

Satt & glücklich

Zentral auf der Plaza
Kiosco Volcánica
In Puerto Naos war Lalys Bistro in aller Munde, jetzt versucht sie ihr Glück in El Paso: auf dem Platz nahe der Touristeninfo. Beste Stimmung und gute Tapas!
Calle a Paso de Abajo 2, tgl. 11–23 Uhr | €

Kuchen und Bio
Lava Eco-Store
Mit Terrassencafé und gutem hausgemachten Kuchen, in den Regalen Obst und Gemüse von der Insel, dazu ausgesuchte Artikel in Bio-Qualität.
Calle Antonio Pino Pérez 2, T 692 33 79 46, Mo–Fr 9–19, Sa 9–16 Uhr | €

Deutsch-palmerisch
La Perla Negra
Im Ortszentrum bieten Maria und Carsten feine kanarische Küche in stilvollem Rahmen, auch Vegetarier werden fündig.
Calle Antonio Pino Pérez 12, T 922 48 57 35, FB: La Perla Negra, Mo–Fr 17–22.30, So 16–21 Uhr | €€

Zum Sonnenuntergang
Tasca Catalina
Biegt man von der LP-3 nach Los Llanos nach 300 m (unterhalb des Fußballplatzes, ausgeschildert) ab, entdeckt man wenig später eine vorzügliche Tapas-Bar. Jede Woche gibt es eine neue

Wild wuchernde Rosetten, Obstbäume und originelle Installationen – ein Garten, wie er schöner kaum sein könnte, in der Finca Cosmos (▸ S. 95).

Speisekarte, immer wird mit frischen Zutaten gekocht. Ob Feigensuppe oder eine Kaltschale *(salmorejo), gambas al ajillo* oder Kanapees mit hausgemachter Thunfischcreme – alles ist frisch und appetitlich angerichtet. Rasch füllen sich die Tische auf der Terrasse zum Sonnenuntergang! Auch das rustikale Ambiente drinnen gefällt.
Calle Miramar 27, T 922 48 65 69, www.tascacatalinaelpaso.com, Di–Fr 18–23 Uhr | €€

Stöbern & entdecken

Markt
Mercadillo del Agricultor
Kleine Markthalle unterhalb der Plaza. Außer Kunsthandwerk werden auch Wein, Likör, Brot, Obst und Gemüse verkauft – direkt vom Erzeuger! Vor dem Kauf darf vielfach probiert werden!
El Paso de Abajo, Fr 15–19, Sa 10–14 Uhr

Freundlich geführt
Alegría
Einer von mehreren gut sortierten Bioläden im Ort – mit Naturkosmetik und vielen einheimischen Produkten, z. B. Ziegenkäse, Marmelade, Honig und Wein. Von Claudia werden Sie bestens beraten!
Calle Tanausú 16, FB: EcoNaturkostAlegria

Infos und Termine

Oficina de Turismo: CIT Tedote, Calle Antonio Pino Pérez s/n, 38750 El Paso, T 922 48 57 33, www.lapalmacit.com/oit-el-paso.html, Mo–Fr 9.30–17.30, Sa/So 10–14 Uhr. Infostelle und Verkauf von palmerischem Kunsthandwerk
Bus: Mit Linie 8 und 300 kommt man nach Los Llanos, mit Linie 300 auch nach Santa Cruz; die zentrale Haltestelle befindet sich an der Calle Antonio Pino Pérez.
Taxi: T 922 48 50 03
Fiesta del Sagrado Corazón: Juni. Prozession zum Herz-Jesu-Fest am 2. Sonntag nach Fronleichnam

Zeig mir den Vogel – Bürgerhaus in El Paso.

Fiesta del Pino: Anfang Sept. Jährliches Fest zu Ehren der Kiefernjungfrau. Groß gefeiert wird sie alle drei Jahre (2024, 2027) im August. Dann startet an der Ermita Virgen del Pino eine Prozession, bei der die Marienfigur für eine Woche nach El Paso entführt wird

La Palma zum Aufessen

Wie wäre es mit handgefertigten Schokoladen mit Inselsilhouette? Im **La Tarta** gibt es sie nicht nur mit dem Geschmack (und der Farbe) von Limetten, Orangen und Erdbeeren, sondern auch mit Spiralen- und Baumrindenoberfläche. Mit jedem Biss ein Stück La Palma! Ach ja – die Besitzerin Martina verkauft auch Brote und Backwaren, die weggehen wie die berühmten warmen Semmeln
(Av. Islas Canarias 12, gegenüber der Auffahrt zum Parkplatz des Supermarkts, Bestellungen T 696 21 60 16, z. Z. nur Fr/Sa 9–13.30 Uhr).

Spaziergang am Rand der Caldera – **La Cumbrecita**

Außer dem Rauschen der Kiefernbäume und dem Krächzen der Krähen ist kaum ein Geräusch zu vernehmen. Ein Tiefblick folgt dem nächsten, während Sie in luftiger Höhe am Rand der Caldera spazieren. Die Runde im Herz des Nationalparks ist kurz, aber spektakulär.

Von der Plattform **La Cumbrecita** 1 (1287 m) haben Sie einen prächtigen Ausblick: Im Süden sehen Sie die Bergkämme der Cumbre Nueva, über die oft ein Wolkenmeer schwappt, das sich wenig später im Nichts auflöst. Im Norden schießen die Wände der halbkreisförmigen Caldera bis zu einer Höhe von 2426 m empor; nach Regen stürzen Wasserfälle in den Krater hinab.

Über den Kiefern

Der breite Weg startet am Info-Häuschen (tgl. 9–18 Uhr) hinter dem Parkplatz von **La Cumbrecita** 1. An

INFOS/ÖFFNUNGSZEITEN

Anfahrt: mit dem Pkw oder Bus über die LP-3 zum Centro de Visitantes Caldera de Taburiente (3 km östl. El Paso, T 922 49 72 77, www.reservasparques nacionales.es, tgl. 9–18 Uhr, Eintritt frei). Dort erhalten Sie die Zufahrtserlaubnis nach La Cumbrecita und werden mehrsprachig in die vulkanische Entstehung der Insel und ihre Geschichte eingeführt. Stündlich sind Filme über La Palma und die Caldera zu sehen.
Tipp: Planen Sie den Besuch für die Zeit nach 16 Uhr, können Sie – vorerst wenigstens – ohne Genehmigung auf der LP-302 nach La Cumbrecita hinauffahren! Keine Busverbindung, freilich immer auch Taxis (15 € eine Strecke)!

KULINARISCHES FÜR ZWISCHENDRIN

Packen Sie sich etwas fürs Picknick ein! Auf jeden Fall sollten Sie ausreichend Trinkwasser dabei haben …

Faltplan: D/E 5

VIP-Lounge mit einer riesigen Bühne, die die Natur geformt hat – Aussichtspunkt La Cumbrecita über der Caldera

der Gabelung nach 100 m halten wir uns links und gelangen durch lichten Kiefernwald zu einer weiteren Verzweigung. Hier lohnt ein Abstecher zum **Mirador de Los Roques** 2, von dem sich grandiose Tiefblicke eröffnen …

Wir kehren zur Gabelung zurück und folgen dem Wegweiser Richtung Lomo de las Chozas. Auf schmalem Weg und auf federndem Boden laufen wir durch duftenden Kiefernwald längs der Abbruchkante des Felsmassivs. Kleine Seitenschluchten werden auf Holzbrücken gequert. Nach einem längeren sachten Anstieg stoßen wir auf eine Erdpiste und folgen ihr nach rechts. An der Gabelung wenig später können Sie sowohl links als auch rechts weitergehen, denn beide Wege führen zu dem über dem Abgrund hängenden **Mirador de Las Chozas** 3, zu dem ein geländergesicherter Weg führt – der Ausblick in die Tiefe ist fantastisch!

Rückweg mit Infogehalt

Vom Mirador geht es zur Piste zurück, auf der wir in 20 Min. erst in südlicher, dann in östlicher Richtung zum Startpunkt **La Cumbrecita** 1 zurückbummeln. Unterwegs passieren wir Lehrpulte, die Besonderheiten der Caldera erklären.

Im April 1493 war La Palma fast erobert, doch noch immer hielten sich Hunderte von Ureinwohnern in der Caldera versteckt – wussten sie doch, dass der riesige, von über 1000 m hohen Felswänden abgeschlossene Kessel uneinnehmbar war. An Wasser und Proviant mangelte es nicht, denn ein ganzjährig fließender Bach entsprang der Caldera. Führer der Ureinwohner war **Tanausú**, sein spanischer Gegenspieler der skrupellose **Fernández de Lugo**. Dieser versprach einen Waffenstillstand, sofern es Verhandlungen gäbe. Der altkanarische Fürst ging auf das Angebot ein und verließ sein Versteck. Lugos Männer aber überwältigten ihn und verschleppten ihn auf ein Schiff: Als kostbare Trophäe sollte er Spaniens Königen vorgeführt werden. Tanausú aber trat in Hungerstreik und starb noch während der Überfahrt. Unterdessen hatten sich seine Stammesangehörigen ergeben. Die Konquista war besiegelt und La Palma der spanischen Krone einverleibt.

Bizarre Lavalandschaft – **Vulkanroute ab El Pilar**

El Pilar ist ein Lieblingsplatz der Palmeros: Am Wochenende grillen sie hier von früh bis spät. Die Waldlichtung ist zugleich Startpunkt der großen Vulkanroute zur Südspitze. Höhepunkte finden sich bereits auf den ersten Kilometern, auf dem Weg zum Aussichtsbalkon Mirador de Birigoyo ...

La Palmas Vulkanroute verläuft über den lang gestreckten Rücken der Cumbre Vieja, bestehend aus noch aktiven, nur schlummernden Vulkanen. ›Alter Gipfelgrat‹ wird er genannt, doch sind ihm zahlreiche junge Vulkane aufgesetzt. Die meisten wuchsen in den letzten hunderttausend Jahren empor, was geologisch gesehen ein Wimpernschlag ist; die jüngsten drei entstanden in den vergangenen Jahrzehnten, zuletzt 2021 der Tajogaite! Dass ausgerechnet hier immer wieder Vulkanausbrüche stattfinden, hat mit einem Riss im Erdmantel zu tun, der sich unter der Cumbre Vieja befindet, allerdings viele Kilometer unter dem Meeresboden. Durch ihn schießt aus dem Erdinnern in periodischen Abständen heißes Magma an die Erdoberfläche, begleitet von Feuer, Rauch und Ascheregen.

Und ewig wabern die Wolken – Blick vom Mirador Birigoyo auf Cumbre Nueva und Cumbre Vieja.

Flutwelle bis nach Amerika

Vor einigen Jahren schreckten Geologen des Londoner University College die Inselbewohner auf, als sie die kühne These aufstellten, La Palma werde eines Tages untergehen wie einst das legendäre Atlantis. Die z. T. effekthascherisch vorgetragenen Thesen haben einen realen Kern: Der kleine unterseeische Sockel wird das Gewicht der vergleichsweise hohen Insel auf Dauer nicht tragen können. So ist bei Verschiebungen im Atlantikboden, vielleicht auch bei einem besonders heftigen Vulkanausbruch in der Cumbre Vieja, die Destabilisierung des Inselgerüsts nicht auszuschließen. Dabei könnte La Palma in zwei Hälften auseinandergerissen werden, die in einem gewaltigen Erdrutsch im Meer versänken. Die entstehende Flutwelle hätte so gigantische Ausmaße, dass sie nicht nur den Archipel überfluten würde, sondern auch die Ostküste der USA. Spanische Geologen mahnten indes zur Zurückhaltung. Sie erinnerten daran, dass bei den Ausbrüchen 1949 und 1971 La Palmas Erde nicht einmal gebebt hat. Der bekannteste Geologe der Kanaren, Professor Carracedo, meint: »Eines Tages könnte La Palma tatsächlich auseinanderbrechen und versinken, doch haben wir es hier mit geologischen Prozessen zu tun, die sich in Millionen von Jahren abspielen.« Auch die Palmeros sehen die Sache locker: »Würde denn die EU so viel Geld in unsere Sternwarte investieren«, fragen sie, »wenn die Insel nicht niet- und nagelfest wäre?«

Solange es sie noch gibt ...

Bis zum Untergang La Palmas können Sie die **Vulkanroute** (oder Teile davon) in vollen Zügen genießen! Startpunkt der Tour ist der mitten im Kiefernwald gelegene Picknickplatz **El Pilar.** Sie gehen vor bis zu dem an seinem Südende gelegenen **Centro de Visitantes** 1, das mit Schautafeln, einem Film und (deutschsprachigen) Broschüren über die vulkanische Inselentstehung informiert, auch Wandermöglichkeiten werden aufgezeigt. ›Unser‹ Weg ist der weiß-rot markierte GR-131, der bis Los Canarios verläuft und sich bis zur Inselsüdspitze verlängert.

Der Einstieg ist leicht zu finden: Kurz hinter dem Besucherzentrum geht es halbrechts auf schmalem Pfad (GR-131) durch Kiefernwald auf-

▶ THRILLER

Frank Schätzing hat das von den Londoner Geologen entwickelte Horrorszenario des Inseluntergangs in seinen **Nachrichten aus einem unbekannten Universum** (2006) literarisch ausgesponnen.

Ein junger Deutscher war's: Er verrichtete seine Notdurft und beschloss, sein Toilettenpapier nach Gebrauch anzuzünden. Ein riesiger Brand war die Folge, die Brandzone breitete sich vom Zentrum der Insel bis Los Canarios im Süden aus. Bei den Löscharbeiten kam ein Feuerwehrmann ums Leben, der Deutsche wanderte ins Gefängnis – so geschehen 2016. Die Vulkanroute blieb daraufhin mehrere Monate gesperrt.

wärts, an der Gabelung nach 10 Min. halten Sie sich rechts. Nach weiteren 5 Min. empfiehlt sich eine kurze Rast am rustikalen Aussichtsbalkon **Mirador de Birigoyo** 2 – bei klarem Wetter genießen Sie dort einen fantastischen Blick über das Aridane-Tal bis hin zur Caldera-Außenwand und zur Cumbre Nueva, über die oft wasserfallartig ein Wolkenvorhang schwappt.

Pfifferlinge, Steinpilze, Reizker u. a. – nach dem ersten Herbstregen sprießen in den Wäldern rund um El Pilar die Pilze. Rose Marie Dähncke wüsste, ob der da giftig ist. Sie ist die »Königin des Pilz-Eldorados von La Palma« (n-tv) und dokumentierte hier und in anderen Teilen der Insel mehr als 1200 Pilze!

Nachbarinseln zum Greifen nah

Nach weiteren 10 Min., wenn sich der Wald gelichtet hat, gehen wir in einem Bogen am links aufragenden, 1808 m hohen Pico Birigoyo vorbei. Unser Weg mündet in eine Forstpiste (30 Min.), auf der wir nach links aufsteigen. 15 Min. später kommen wir zu einer markanten Gabelung, an der wir rechts einschwenken (GR-131). Wir erleben in bunter Folge Ginster, Kiefern und Lavageröll, queren nach 20 Min. eine Holzbrücke, steigen noch einmal steil bergauf, ignorieren den links abzweigenden grün markierten Weg SL VM 125 und kommen zum Kraterrand des Vulkans **Hoyo Negro** 3, der letztmalig im Jahr 1949 ausbrach. In der Folge passieren wir die Flanke eines weiteren ›schwarzen Kessels‹. Wo sich der Weg am tiefsten Punkt des Kraters gabelt, schwenken wir rechts ein und laufen in weitem Halbkreis um den rot schimmernden **Duraznero** 4 (1902 m) herum. Danach führt der Weg erst durch ein Tal, dann schweißtreibend zum zweiten Gipfel der Doppelspitze, dem **Deseada II** 5 hinauf – mit 1937 m höchster Punkt der Cumbre Vieja und unserer gesamten Tour. Für die Mühe des Aufstiegs werden wir mit einem weiten Panoramablick belohnt: Über das Wolkenmeer hinweg bietet sich ein grandioser Fernblick über das Meer bis zu den Nachbarinseln.

Endlich hinab!

Auch in der Folge geht es in markantem Auf und Ab weiter. Wir queren den gelb markierten LP-15 (Jedey-Tigalate) und bleiben auf Südkurs. Hinter dem Mirador des 1860 m hohen Cabrita wird der rote **Volcán Martín** 6 (1602 m) sichtbar, an dem der Weg rechts vorbeiführt. Schließlich senkt sich der Weg in Kiefernwald hinab – niedrige Seitenmauern und Richtungsschilder zeigen den weiteren

Verlauf an. Zwei Pisten werden gequert, bevor es an der Kreuzung GR 131/130 geradeaus weitergeht. Der Weg mündet in eine Forstpiste, auf der wir uns nach **Los Canarios** 7 hinabtreiben lassen.

INFO/ÖFFNUNGSZEITEN

Anfahrt: El Pilar liegt an der LP-301 und ist nicht per Bus erreichbar. Mit Bus 300 können Sie zum Centro de Visitantes de El Paso fahren und auf dem gelben PR-LP 14 nach El Pilar wandern (1 Std.).
Centro de Visitantes El Pilar 1**:** tgl. 8–14 Uhr; oft ohne Angabe von Gründen geschl.
Gehzeit: Große Vulkanroute 5.30 Std.

WIE GEHT'S ZURÜCK?

Die Ruta de los Volcanes ist 17 km lang (Aufstieg 750 m, Gehzeit 5.30 Std.). Doch wie kommt man am Ende nach El Pilar zurück? Ein Taxi kostet ca. 50 €; günstiger ist eine Kombination aus Busfahrt bis Los Llanos (Linie 3) und Weiterfahrt im Taxi. Eine Alternative ist Car-Sharing mit Freunden: Am ersten Tag sind Sie ›Taxifahrer‹, am nächsten Tag die Freunde.

ZUM NEUEN VULKAN

Zweistündige Touren ab Llano del Jable zum Tajogaite 8 bieten z. B. Lotte und Peter von Lignau von Graja Tours (T 681 63 75 22, wandern-auf-la-palma.de).

KULINARISCHES FÜR ZWISCHENDRIN

Machen Sie ein Picknick am Aussichtsbalkon **Mirador de Birigoyo** 2!

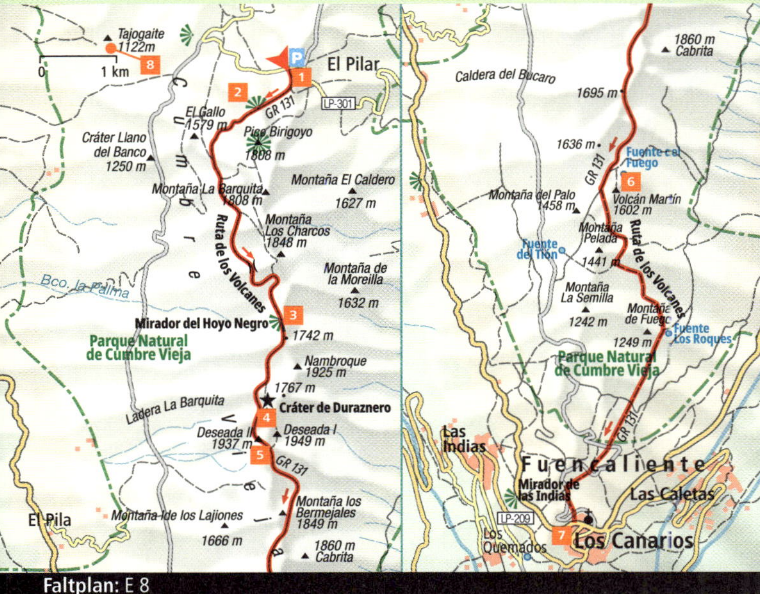

Faltplan: E 8

Hin & weg

ANREISE

Mit dem Flugzeug

Fast alle Urlauber kommen mit dem Flieger, es gibt Direktverbindungen von zahlreichen Flughäfen Mitteleuropas. Die Flugzeit beträgt 4–5 Std., der Preis liegt je nach Saison bei 120–350 € pro Strecke. Mit Buchungsportalen wie www.fluege.de und www.swoodoo.com kann man sich für den gewünschten Termin die beste Verbindung heraussuchen.

Einreisebestimmungen

Es ist ein gültiger Personalausweis bzw. Reisepass mitzuführen. Kinder brauchen einen eigenen Ausweis, urlaubende EU-Bürger können sechs Monate auf La Palma bleiben, Schweizer ohne Visum bis zu drei Monate.

Zollbestimmungen

Für die Rückeinreise in ein EU-Land gelten folgende Mengenbeschränkungen (Mindestalter 17 Jahre): 200 Zigaretten oder 100 Zigarillos oder 50 Zigarren oder 250 g Tabak; 1 l Spirituosen (über 22 %) oder 2 l Spirituosen (bis 22 %), 4 l nicht schäumender Wein und 16 l Bier, außerdem Arzneimittel für den persönlichen Bedarf und andere Waren bis zu einem Wert von 430 € (bei Reisenden unter 15 Jahren 175 €). Bei Schweizern darf der Gesamtwert der mitgeführten Waren 300 CHF nicht übersteigen. Die Einfuhr von Tier- und Pflanzenarten, die vom Aussterben bedroht sind, ist verboten.

Haustiere

Zur Einreise mit Hund oder Katze benötigen Sie einen **EU-Heimtierausweis.** Die Tiere müssen durch eine Tätowierung oder einen Mikrochip gekennzeichnet sein. In einem Begleitdokument muss der gültige Impfschutz gegen Tollwut nachgewiesen werden.

INFORMATIONSQUELLEN

Spanische Fremdenverkehrsämter
Zentrale Website: www.spain.info
10787 Berlin: Lichtensteinallee 1, T 030 882 65 43
60323 Frankfurt/Main: Reuterweg 51–53, T 069 72 50 33
80336 München: Schubertstr. 10, T 089 53 07 46 11
1010 Wien: Walfischgasse 8, T 01 512 95 80-11

VOM FLUGHAFEN ZUM FERIENORT

Der **Flughafen** von La Palma (Kürzel: SPC) liegt im Osten der Insel, 8 km südlich der Hauptstadt. Haben Sie pauschal gebucht, werden Sie vom Reiseveranstalter ganz bequem per Bus zur Unterkunft gebracht. Die Transferzeit nach Los Cancajos beträgt 10 Min., nach Fuencaliente und Puerto Naos etwa 1 Std. Wer individuell reist, kann am Flughafen auf eine gute Infrastruktur zurückgreifen. In der Ankunftshalle gibt es eine Touristeninformation, einen Geldautomaten und mehrere Autovermietungen. Mit dem **Leihwagen** kommt man auf der LP-2 rasch in den Süden, auf der LP-3 in den Westen und auf der LP-5 nach Santa Cruz. **Taxis** muss man auch nicht lange suchen – sie warten vor dem Hallenausgang; sollen Mountainbikes und anderes sperriges Gepack befördert werden, muss das Taxiunternehmen im Voraus kontaktiert werden (T 686 55 38 68, www.taxilapalma.com). Der **Bus** der Linie 500 fährt von 7.45 bis 22.45 Uhr alle 30–60 Min. via Los Cancajos nach Santa Cruz, von dort geht es weiter in andere Orte der Insel (www.tilp.es).

Ground Control to Major Tom? – Nein, der Flieger ist nicht aus Versehen auf dem Mars gelandet, es ist ›nur‹ die bizarre Vulkanlandschaft La Palmas.

8008 Zürich: Seefeldstr. 19, T 044 253 60 50

Informationen auf La Palma

Info-Büros finden Sie am Flughafen, in der Hauptstadt Santa Cruz, den Ferienorten Los Cancajos und El Paso, Los Llanos und Tazacorte, in Tijarafe, Las Tricias und Llano Negro. In Hotels und Geschäften liegen deutsch- und mehrsprachige Zeitungen und Zeitschriften aus, die über das neueste Geschehen auf La Palma berichten. Im 14-tägigen Rhythmus erscheint das deutsch-spanische Nachrichten- und Anzeigenblatt »Correo del Valle« (www.correodelvalle.com).

Informationen im Internet

www.visitlapalma.es
Website der Inselregierung mit dem aktuellen Kulturprogramm, Hinweisen auf Astro-Tourismus und andere Freizeitaktivitäten; mit Bilder- und Videogalerie.

www.disfrutaLaPalma.com
Deutsch-spanisches Magazin »für gutes Leben auf La Palma« mit gut recherchierten Web-Guides (Gastro/Freizeit/Kultur/Shopping/Unterkunft)

www.la-palma24.info
Insel-News, Veranstaltungen, ein »Ratgeber« uvm. von einem deutschsprachigen Team auf La Palma.

www.elapuron.com
La Palmas digitale Tageszeitung. Sprechen Sie kein Spanisch? Kein Problem: Google Translate einschalten!

www.senderosdelapalma.com
Auf dieser Seite werden die wichtigsten Daten zu den markierten Inselwegen genannt, dazu gibt es Hinweise auf Besucherzentren, Zeltplätze, Herbergen und Schutzhütten.

www.tilp.es
Auf dieser Webseite findet man sämtliche Busverbindungen auf der Insel La Palma und Preisangaben zu Einzeltickets und Chipkarten.

Klima & Reisezeit

Aufgrund der südlichen Lage im Atlantik, die für ein ausgeglichenes Klima sorgt, ist La Palma ein ganzjähriges Reiseziel. Der Frühling auf der Insel ist ›ewig‹, tagsüber hat man an der Küste Temperaturen von 20–26 °C, nachts 12–18 °C. In mittleren und höheren Lagen der Insel ist es kühler – im Winter kommt es es

IM NOTFALL

Notruf: 112 (Gratis-Notrufnummer für Unfall, Krankheit, Feuer, Überfall, rund um die Uhr besetzt, auch in deutscher Sprache)
Karten sperren: T 0049 116 116 oder 0049 30 40 50 40 50, www.kartensicherheit.de (Sperren von EC- und Kreditkarten sowie Mobiltelefonen)
Deutsches Konsulat Las Palmas: T 928 49 18 80, www.spanien.diplo.de
Österreichische Botschaft Madrid: T 91 556 53 15, www.bmeia.gv.at/oeb-madrid
Schweizer Botschaft Madrid: T 91 436 39 60, www.eda.admin.ch/madrid
Pannenhilfe
ADAC: T 0049 89 22 22 22, www.adac.de
ÖAMTC: T 0043 12 51 20 00, www.oeamtc.at
TCS: T 0041 58 827 22 20, www.tcs.ch

in den Gipfellagen sogar zu Schneefall. Bedenken Sie bei der Planung Ihrer Ausflüge, dass es aufgrund des Passats (► S. 6) im Norden und Nordosten meist kühler und wolkiger ist als im Südwesten. Doch auch dort ist im Winter mit Niederschlägen zu rechnen; zwischen November und Februar kann der Regen so heftig sein, dass es zu Erdrutschen kommt.

REISEN MIT HANDICAP

La Palma ist schlecht auf Behinderte eingestellt, Rollstuhlfahrer sind auf die Hilfe von Begleitpersonen angewiesen. Zu den wenigen positiven Ausnahmen zählt das Aparthotel Las Olas in Los Cancajos (► S. 29) mit vier behindertengerechten Zimmern, alle Räumlichkeiten sind über Rampen erreichbar.

SICHERHEIT

La Palma ist ein sicheres Reiseziel. Freilich sollte man keine Gegenstände im Mietwagen offen liegen lassen und zum Strand keine Wertsachen mitnehmen. Bei Diebstahl müssen Sie sich für die Versicherung daheim von der örtlichen Polizei ein Protokoll ausstellen lassen.

SPORT & AKTIVITÄTEN

Bootsausflüge

Ab Puerto de Tazacorte im Inselwesten werden Panorama- und Delfinfahrten angeboten.

Radfahren

Bikern wird einiges abverlangt: Von Meereshöhe fahren sie bis in alpine Regionen in 2000 m Höhe. Spezialisten für geführte Renn- und Mountainbike-Touren findet man v. a. in den Bike-Stationen von Los Llanos. Je nach Kondition stehen unterschiedliche Touren zur Wahl. Per Kleinbus wird man in die landschaftlich attraktivsten Regionen gebracht, danach geht es im Downhill weiter.
Infos zu Wegstrecken: www.senderosdelapalma.es.

Wandern

Auf La Palma kann das ganze Jahr über gewandert werden. Besonders schön ist das Wandern im Frühjahr, wenn sich die Weiden in Blumenteppiche verwandeln. Die Mandelblüte erleben Sie Ende Januar, die Orangenblüte im März und April. Sehr attraktiv sind die Touren durch die zentrale **Caldera,** die Schluchten und Lorbeerwälder im Norden und zu den Vulkanen im Süden.

LEITUNGSWASSER ...

... sollten Sie nicht trinken! Kaufen Sie besser Mineralwasser von der Insel (1–5 Liter-Behälter)!

VORSICHT WETTER!

Binnen weniger Minuten kann sich das Wetter in den Bergen dramatisch verschlechtern. Darum sollte man in höheren Lagen immer Regenschutz, einen warmen Pullover und festes Schuhwerk dabeihaben. Wird Regen vorhergesagt, sollte man auf die Caldera-Tour durch die ›Schlucht der Ängste‹, den **Barranco de Las Angustias,** verzichten – in Windeseile verwandelt sich der enge Canyon in eine Wildwasserklamm, aus der es kein Entkommen gibt.

Um den sanften Tourismus zu fördern, hat die Inselregierung ein Netz von **Wanderwegen** geschaffen (www.senderosdelapalma.es/de): Diese sind farbig markiert, an Gabelungen und Kreuzungen wurden Wegweiser aufgestellt. Sehr beliebt ist der Höhenweg auf dem Gipfelgrat *(camino de la cumbre)*, Stichwege führen von der Küste zum Kamm hinauf *(caminos radiales)*. Die *caminos reales de medianías* sorgen für die Verbindung zwischen den in mittlerer Hanglage liegenden Dörfern. Und wollen Sie sich auf einer Höhe zwischen 1000 und 1300 m ohne große Höhenunterschiede bewegen, folgen Sie den *caminos de traviesa* (s. www.senderosdelapalma.es). Taxis bestellt man bei TAXILAPALMA (T 639 35 79 89, www.taxilapalma.com).
Wer Wanderungen nicht auf eigene Faust unternehmen will, schließt sich einer **geführten Tour** an. Gruppenwanderungen organisiert z. B. der Veranstalter Isla Bonita Tours (T 616 41 90 26). Guten deutschsprachigen Service bieten Lotte und Peter von Lignau von Graja Tours (T 681 63 75 22, wandern-auf-la-palma.de). Auch zweistündige Touren zum neuen Vulkan Tajogaite haben sie im Programm. Einmal im Jahr findet ein Wanderfestival mit organisierten Touren statt (www.walkingfestivallapalma.net).

Wassersport

La Palma hat nur einen einzigen nennenswerten **Surfspot:** die Playa Nueva nördlich von Puerto Naos. Schlecht sind auf der Insel die Aussichten fürs Segeln, fürs **Tauchen** sieht es dagegen besser aus: Die Felsküste vor Los Canarios (Fuencaliente), an der glühende Lavaströme zu bizarren Grotten und Brücken erstarrt sind, ist sowohl reich an atlantischen als auch an tropischen Fischen, selbst Meeresschildkröten lassen sich manchmal dort blicken. Gute Tauchschulen gibt es in Los Cancajos und Los Llanos.

Wellness

Bisher wartet lediglich das **Hotel Teneguia Princess** (► S. 43) mit einem Spa auf, das den Namen verdient. Es ist ausgestattet mit Sauna, Türkischem Bad, Jacuzzi, Hydrojet-Massagen und Warmwasserbecken und der Körper wird mit Vichy-Duschen bestrahlt. Außerdem gibt es Massagen und Fango-Packungen, Kosmetik- und Körperbehandlungen wie Aroma-, Licht- und Farbentherapie.

DIE SCHÖNSTEN STRÄNDE UND BADEBUCHTEN

Ausgedehnte weiße Sandstrände gibt es auf La Palma nicht. Dafür findet man – vor allem im Südwesten – kleine, teilweise unter Klippen versteckte Badebuchten mit schwarzer Lava oder grobem Kies. Die Wassertemperatur liegt im Winter bei 18–20 °C, in den Sommermonaten ist sie um 3–4 Grad höher.
Puerto Naos: 🕮 C 8. Meistbesuchter Strand der Insel mit dunklem Sand und Lavakieseln; Palmen sorgen für exotisches Flair. Er ist über 500 m lang und gesäumt von Hotel- und Apartmentanlagen. Sonnenschirme kann man ausleihen, ein Rettungsdienst befindet sich vor Ort. Südlich von Puerto Naos finden Sie kleinere, wenig besuchte Strände, z. B. **Las Monjas** (🕮 C 9) und **Charco Verde** (🕮 C/D 9).
Tazacorte: 🕮 B 7. Gleichfalls ein schöner, langer Lavastrand, durch Wellenbrecher geschützt.

GRÜN, GELB, ROT

An großen Touristenstränden sollten Sie auf die gehissten Flaggen achten. Grün signalisiert: Baden ist erlaubt; bei Gelb sollten sich nur geübte Schwimmer ins Meer wagen; wird die rote Fahne aufgezogen, ist das Baden verboten. Jedes Jahr kommen auf der Insel zahlreiche Touristen ums Leben, weil sie sich zu weit hinauswagen und die Strömung unterschätzen. Die Gezeitenübersicht ist in den deutschsprachigen Zeitschriften vor Ort abgedruckt.

Playas de Zamora: 🕮 D 10. Doppelstrand mit vorgelagerten Felsen – eine von sieben ruhigen Badebuchten im Südwesten erreichbar über die bei Las Indias zur Küste führende Straße.
Los Cancajos: 🕮 G 7. Zwei kleine Badebuchten im Osten mit künstlich angelegtem Sandstrand und Wellenbrechern. Das mit Natursteinen abgeteilte Becken ist ideal für Kleinkinder.
Santa Cruz: 🕮 G 6. 500 m langer, attraktiver Stadtstrand.
Charco Azul: 🕮 G 2. Meeresschwimmbecken nördlich von San Andrés mit zugehöriger Bar.
Playa de Nogales: 🕮 G 4. Ein wild-schöner, bei starkem Seegang freilich nicht ungefährlicher Strand im Nordosten, unterhalb von Puntallana.
Piscina La Fajana: 🕮 F 1. In Lava gehauenes Naturschwimmbecken nahe Barlovento mit Umkleideräumen sowie Duschen, Liegen und Sonnenschirmen.

ÜBERNACHTUNGSPREISE

€ unter 70 Euro
€€ 70 bis 130 Euro
€€€ über 130 Euro
Preise für ein Doppelzimmer mit Frühstück

ÜBERNACHTEN

Turismo Rural

›Urlaub auf dem Land‹ können Sie in mehr als 150 liebevoll renovierten Bauernhöfen, Fincas und Mühlen verleben. Neben dem nötigen Komfort bieten sie rustikales Ambiente mit Giebeldächern und Holzgalerien, oft auch Terrakottaböden, Kamin und Terrasse oder subtropischen Gärten. Da die Fincas meist fernab von größeren Orten liegen, empfiehlt es sich, ein Auto zu mieten.
Marianne Wasmuth (T 040 560 44 88, www.la-palma-turismo-rural.de) vermittelt im Auftrag der einheimischen Eigentümer Ferienhäuser. Bei ihr ist es auch möglich, Ferienaufenthalte an der Ost- und Westküste zu kombinieren.

Hotels

Auf La Palma gibt es zwei **Touristenzentren** mit Drei- und Viersternehotels: Puerto Naos an der Westküste und Los Cancajos an der Ostküste, beide mit Badestrand. Hinzu kommt das **Hotel Teneguía Princess** (► S. 43) in der Gemeinde Fuencaliente im Süden. Wer kleinere Hotels bevorzugt, wählt die **Hacienda de Abajo** (► S. 59), eine feudale Residenz auf der warmen Westseite in Tazacorte, das Berghotel **La Palma Romántica** (► S. 83) im Nordosten (Barlovento) oder den **Parador de La Palma** (► S. 31) im Osten unweit des Flughafens (Breña Baja). In Santa Cruz empfehlen sich **La Fuente** (► S. 20) und **San Telmo,** in Los Llanos das Hotel **Benahoare.**
Internetportale bieten Erlebnisberichte und Kommentare – einige sind echt, andere bestellt, z. B. www.tripadvisor.com, www.booking.com.

Pensionen

Es gibt Pensionen in Santa Cruz (La Cubana, www.pensionlacubana.es), Los Llanos de Aridane (El Porvenir, www.magic-bike-lapalma.com), Tazacorte (Atlantis, www.atlantis-lapalma.com) und Los Canarios (Los Volcanes, www.pensionlosvolcanes.com).

Camping
Die Campingerlaubnis für die Caldera beantragt man online (www.reservasparquesnacionales.es). Für das Zelten in Freizeitzonen (www.senderosdelapalma.es/de/campingplaetze) braucht man die Genehmigung der Umweltbehörde in Santa Cruz:
Medio Ambiente: Av. de los Indianos 20, T 922 42 31 00, medio.ambiente@cablapalma.es, Mo–Fr 9–13 Uhr

VERKEHRSMITTEL

Bus
Busse heißen auf La Palma *guaguas* (Fahrplan: www.tilp.es). Fahrten verbilligen sich mit dem **Titulo Monedero** um 20 %; das ist eine übertragbare Chipkarte, die mit mind. 10 € aufgeladen werden muss. Für 1 € Pfand ist die Karte beim Busfahrer, in Kiosken oder am Busbahnhof von Los Llanos erhältlich. Der Fahrpreis wird von der Karte abgebucht. Wer Einzelkarten bevorzugt, zahlt 1,50 € für kurze Strecken (weniger als 10 km), 2,40 € für Strecken von 10–20 km oder 2,60 € für lange Strecken (mehr als 20 km). Die Monatskarte (Bono Residente Canario, 25 €) kann nur von Residenten, also gewöhnlich auf La Palma wohnenden Personen erworben werden.

Mietwagen
Die Automiete ist günstig, ab drei Tagen gibt's Rabatt (ca. 25–30 € pro Tag inkl. Steuer und Versicherung). Verleihstationen findet man am Flughafen und in allen größeren Orten. Vorzulegen sind Ausweis und nationaler Führerschein, gezahlt wird mit Kreditkarte (sonst Kaution). Um ein Auto zu bekommen, muss man 21 Jahre alt sein und eine Fahrpraxis von zwei Jahren vorweisen. Der namhafteste kanarische Autoverleiher ist CICAR mit Filialen am Flughafen und an den Fährhäfen (T 928 82 29 00, www.cicar.com).
Tanken: Tankstellen *(gasolineras)* sind von 7 bis 20 Uhr geöffnet, sonntags nur an viel befahrenen Straßen. Sprit ist in der Regel um 20% günstiger als etwa in Deutschland.

Verkehrsregeln
In Ortschaften darf höchstens 50 km/h, auf Landstraßen 90 km/h gefahren werden. Im Auto sind zwei Warndreiecke mitzuführen und im Bedarfsfall aufzustellen. Es besteht Gurtpflicht, für Kinder unter drei Jahren sind Kindersitze vorgeschrieben. **Parken** ist erlaubt in den mit weiß-unterbrochenen Linien markierten Bereichen. Sind sie blau markiert, darf man in Santa Cruz 90 Minuten kostenlos parken, außerhalb der Betriebszeiten auch länger. Die mit grünen Linien begrenzten Bereiche bleiben für Anwohner mit Parkkarte reserviert. Das Linksabbiegen ist oft durch eine Abbiegeschleife geregelt. Telefonieren ist nur mit Freisprechanlage erlaubt, die Promillegrenze liegt bei 0,5 (für Führerscheinneulinge bis zu zwei Jahren bei 0,3).

Taxi
Taxis kosten werktags 3,85 € Startgebühr plus 1,35 €/km, sonn- und feiertags 4,15 € plus 1,55 €/km. Dazu kommen Zuschläge für Flug- und Fährhafen (2,10 €) sowie Taxiruf (0,60 €). Der Fahrpreis wird mit dem Taxameter berechnet, doch ist darauf zu achten, dass dieser erst nach dem Einsteigen eingeschaltet wird. Unter www.taxilapalma.com/de/taxifahrten-preise sind Tarife gelistet; auch Inselausflüge für bis zu acht Personen werden aufgeführt. Den Transport von Mountainbikes sollte man im Voraus buchen.

Fähren zu anderen Inseln
Von der Hauptstadt Santa Cruz fahren Auto- und Passagierfähren zu den Nachbarinseln. Sie haben die Wahl zwischen der Reederei Naviera Armas (www.navieraarmas.com) und der nur wenig teureren Reederei Fred Olsen (www.fredolsen.es).

Flüge zu anderen Inseln
Die Gesellschaften Binter (www.bintercanarias.com) und Canaryfly (www.canaryfly.es) fliegen mehrmals wöchentlich nach Teneriffa und Gran Canaria.

O-Ton La Palma

¿Es esta la guagua para Los Llanos?

Ist das der Bus nach Los Llanos?

mar muerto

Totes Meer,
d. h. ruhiges Wasser mit gefährlicher Unterströmung.

LA OCTAVA ISLA CANARIA

Die achte kanarische Insel,
Venezuela – kaum ein Palmero, der dort keine Verwandten hätte.

Weder Vater noch Papst, sondern die Kartoffel!

Una hora menos en Canarias

Eine Stunde zurück auf den Kanaren.
Wenn Sie vom Festland kommen, müssen Sie die Uhren zurückstellen!

¡Godos fuera!

Goten raus!
Soll heißen: Festlandspanier haben hier nichts zu suchen!

¡Vamos al monte, hagamos un asadero!

Lasst uns in die Berge fahren und grillen!

CABEZAS CUADRADAS

Die sogenannten ›Quadratköpfe‹ (sprich: Deutsche) sind eine Unterart der ›guiris‹, siehe unten.

hacer el choni

Den Johnny machen.
Sich dumm stellen, um Vorteile herauszuschlagen.

¿Quieres un queque?

Willst Du einen Kuchen?
Abgeleitet vom englischen ›cake‹.

Guiris

Touristen, die bei nur 20 °C in T-Shirts und Sandalen über die Insel stapfen.

Das Klima im Blick

Reisen bereichert und verbindet Menschen und Kulturen. Wer reist, erzeugt auch CO_2. Der Flugverkehr trägt in erheblichem Maße zur globalen Erwärmung bei. Wer das Klima schützen will, sollte sich – wenn möglich – für eine schonendere Reiseform entscheiden oder die Projekte von atmosfair unterstützen. Flugpassagiere spenden einen kilometerabhängigen Beitrag für die von ihnen verursachten Emissionen und finanzieren damit Projekte in Entwicklungsländern, die dort den Ausstoß von Klimagasen verringern helfen (www.atmosfair.de). Auch die Mitarbeiter des DuMont Reiseverlags fliegen wenn, dann mit atmosfair!

Abbildungsnachweis

akg-images, Berlin: S. 81 (Rainer Hackenberg)
Dieter Schulze/Izabella Gawin, Lohmar: Umschlagklappe vorn, Umschlagklappe hinten, S. 11, 26, 42, 49, 55, 58, 59, 68, 72, 90, 92/93, 100, 120/1, 120/4, 120/5, 120/6, 120/7, 120/8, 120/9
Floatel GmbH, Berlin: S. 84 (Martin Haag)
Fotolia, New York (USA): S. 62 (Hans Peter Denecke)
Getty Images, München: S. 46 (AFP/Desiree Martin); 106 (Antonio Camacho); 34/35, 95, 109 (Dominik Dähncke); 4 u. (Michael Utech); 70 (Sabine Lubenow); 24 (Westend61/Martin Moxter)
Glow Images, München: S. 43 (ImageBROKER/Markus Lange)
iStock.com, Calgary (CA): S. 98 (AlbertoLoyo); 120/3 (Anolis01/Edwin Butter Fotografie); 29 (buchwerkstatt_com); 8/9, 75 (Kleinplanet311); 60 (momnoi/Vasita Bis); 61 (ViewApart)
Laif, Köln: S. 71 (Georg Knoll); 37, 97 (Gerald Haenel); 87 (hemis.fr/Franck Guiziou); Titelbild, Faltplan, 31 (Le Figaro Magazine/Compoint); 40 (Liebsch); 53, 101 (Martin Kirchner); 33 (Martin Sasse); 4 o., 104 (robertharding/Markus Lange); 64/65 (VWPicsRedux/Ton Koene)
Lookphotos, München: S. 78 (Thomas Stankiewicz)
Mauritius Images, Mittenwald: S. 120/2 (Alamy/London Entertainment); 21 (Alamy/Ramírez); 14/15 (imageBROKER/Karol Kozlowski); 23, 67 (imageBROKER/Martin Moxter); 44, 82 (imageBROKER/Martin Siepmann); 7, 76/77 (Ingo Boelter); 16 (Ralf Adler)
picture-alliance, Frankfurt a. M.: S. 38 (dpa); 88 (dpa/Rolf Haid) Ralf Freyer, Freiburg: S. 57, 94
Schapowalow, Hamburg: S. 103 (SIME/Guido Cozzi)
Zeichnungen: Gerald Konopik, Fürstenfeldbruck (S. 3); Antonia Selzer, Lörrach (S. 5)

Zitat Umschlagklappe hinten: aus Simone Eigen: La Palma. Die Canarische Insel, konkursbuch Verlag Claudia Gehrke, Tübingen 1996

Kartografie: © KOMPASS-Karten GmbH, A-6020 Innsbruck; DuMont Reiseverlag, D-73751 Ostfildern

Umschlagfotos
Titelbild: Bananenstaude; Umschlagklappe hinten: Holzfass und Stühle vor Restaurant

Hinweis: Autor und Verlag haben alle Informationen mit größtmöglicher Sorgfalt geprüft. Gleichwohl erfolgen alle Angaben ohne Gewähr. Bitte schreiben Sie uns! Über Ihre Rückmeldung zum Buch und Verbesserungsvorschläge freuen sich Autor und Verlag:
DuMont Reiseverlag, Postfach 3151, D-73751 Ostfildern,
info@dumontreise.de, www.dumontreise.de

3., aktualisierte Auflage 2024

Autor: Dieter Schulze
Redaktion/Lektorat: Anne Winterling, Sebastian Schaffmeister
Grafisches Konzept: Eggers+Diaper, Potsdam
Printed in Poland

Kennen Sie die?

9 von 83 439 Palmeros

Tanausú

Der letzte Herrscher der Ureinwohner starb im Hungerstreik auf einem spanischen Schiff. Bis heute inspiriert er Künstler und Literaten (Skulptur von Tomás Oropesa).

Manolo Blahnik

Der Palmero gilt als einer der bedeutendsten Schuhdesigner und ist berühmt für seine hochhackigen Stilettos. Hat er denn gar nicht an die Füße der Frauen gedacht?

Gallotia galloti

Die Kanareneidechse liebt es sonnig. Sie wird bis zu 44 cm lang, ist variabel gefärbt und mit kleinen, festen Schuppen bedeckt.

Eduardo aus der Bar Parada

In Los Canarios kommen Sie nicht an ihm vorbei, denn er backt die besten Makronen der Insel!

Enano

Der freche Zwerg *(enano)* tanzt auf La Palmas größter Fiesta. Sein skurriles Gebaren machte ihn zum Maskottchen der Hauptstadt.

Ron Aldea

Ein echter Palmero, dieser Rum. Er wird nicht aus Melasse, sondern aus frischem Zuckerrohrsaft gewonnen – und rinnt wie Feuerwasser die Kehle hinab.

Schneejungfrau

La Palmas Königin wird alle fünf Jahre in einer machtvollen Prozession von ihrem Stammsitz in Las Nieves nach Santa Cruz getragen.

Mona

Sie reiste durch die Welt bis La Palma, beflügelte dort den Individualtourismus und ist heute die Grande Dame des Karnevals in Santa Cruz.

El Enamorado (›Der Verliebte‹)

Seiner Angebeteten ergeben, stürzte er sich auf ihren Wunsch hin in tödliche Tiefen. Die Palmeros haben ihm ein Denkmal gesetzt.